AUTO AYUDA

GABRIELLE BERNSTEIN

AUTO AYUDA

ÉSTA ES LA OPORTUNIDAD
DE CAMBIAR TU VIDA

OCÉANO

La autora de este libro no ofrece asesoramiento médico ni prescribe el uso de ninguna técnica como forma de tratamiento para problemas físicos, emocionales o médicos sin el asesoramiento de un médico, ya sea directa o indirectamente. La intención de la autora es únicamente ofrecer información de carácter general para ayudarle en su búsqueda del bienestar emocional, físico y espiritual. En caso de que utilice alguna información de este libro, la autora y el editor no asumen ninguna responsabilidad por sus acciones.

AUTOAYUDA
Ésta es la oportunidad de cambiar tu vida

Título original: SELF HELP. This Is Your Chance to Change Your Life

Publicado según acuerdo con Folio Literary Management, LLC
e International Editors & Yañez' Co. Literary Agency

Traducción: Karina Simpson

Diseño de portada: Pete Garceau
Fotografía de Gabrielle Bernstein: Chloe Crespi

D.R. © 2025, Editorial Océano, S.L.U.
C/Calabria, 168-174 - Escalera B - Entlo. 2ª 08015
Barcelona, España
www.oceano.com

D. R. © 2025, Editorial Océano de México, S.A. de C.V.
Guillermo Barroso 17-5, Col. Industrial Las Armas
Tlalnepantla de Baz, 54080, Estado de México
info@oceano.com.mx

Primera edición: 2025

ISBN: 978-607-584-094-9

Impreso en México / Printed in Mexico

Para Dick, mi héroe
Gracias por tu amistad, orientación
y fe inquebrantable en este libro

Índice

Para mejorar tu experiencia, he grabado en inglés las meditaciones y los ejercicios incluidos en el libro. Sólo tienes que apuntar con tu smartphone al código QR que aparece a continuación para saber cómo acceder a estas grabaciones y otros recursos.

Xo,
Gabby

(DearGabby.com/SelfHelpResources)

Prólogo

Acabo de terminar de leer este libro y tengo lágrimas en los ojos. Estoy muy agradecido y honrado por lo que Gabby Bernstein ha hecho aquí. Desarrollé la terapia de Sistemas Familiares Internos (SFI), el enfoque que ella presenta en este libro, durante las últimas cuatro décadas y trabajé en relativa oscuridad durante tres de esas décadas. A lo largo de esos años difíciles, uno de mis sueños era que un líder respetado, con credenciales tanto de autoayuda como de espiritualidad, llevara el SFI al público de una manera segura y que le hiciera justicia al poder del modelo. Ese sueño se ha hecho realidad con este libro.

He pasado mi carrera capacitando a terapeutas para llevar los SFI a sus pacientes, pero siempre supe que, si se interpretaba bien, podría convertirse en una práctica diaria que mejoraría la vida y las relaciones de las personas. Yo simplemente no sabía cómo hacerlo. Entró Gabby. Ella se acercó a mí hace unos cuatro años para invitarme a su pódcast. En ese momento había oído su nombre, pero habría estado mucho más nervioso si hubiera sabido lo importante que ella es. Tuvimos una gran conversación, y me impresionó lo bien que hizo su tarea y lo emocionada que estaba por los SFI. Eso derivó en muchas conversaciones casuales posteriores —nos volvimos amigos— y me emocionó cuando decidió tomar la capacitación de nivel 1 de SFI.

Sin embargo, hasta que leí este libro me di cuenta de cuánto había estado usando los SFI en sí misma (gran parte por su cuenta) y qué impacto había tenido ese trabajo en su capacidad para convertirse en lo que yo llamo *autodirigida*. Cuando me dijo que quería escribir un libro guiando a su audiencia para que las personas lo usaran en sí mismas, me sentí emocionado, pero también un poco preocupado. Una razón por la que no había buscado llevar este enfoque directo al público era que, a lo largo de años de trabajar con pacientes traumatizados, había aprendido lo delicado que puede ser ese trabajo. Esto es particularmente cierto una vez que acceden a lo que yo llamo un exiliado —una parte joven y vulnerable de ellos que estaba paralizada en una escena de trauma en el pasado—, una parte que encerraron dentro de ellos. Por otro lado, gran parte del éxito de Gabby proviene de su capacidad para explicar conceptos y prácticas espirituales y psicológicas para el público.

En este libro, Gabby ha encontrado la solución a mi preocupación. Deja claro que no está abogando por que los lectores usen todo el modelo de SFI. En cambio, te presenta las partes de ti que ejercen los roles de gerente-protector (de otra forma conocidos como tu ego) y no sólo te permite entenderlas de forma diferente, sino también ayudarlas a confiar en tu Ser (*Self* en inglés, por eso el título del libro es *Self-Help*, *Autoayuda*), que es un núcleo de cualidades como calma, compasión, confianza y conexión. Además, ofrece prácticas y meditaciones con instrucciones claras para ayudarte a lograr esos objetivos. Si, en el proceso de usar estas prácticas, accedes a un exiliado, te recomienda contactar a uno de los miles de terapeutas o practicantes de los SFI para ayudarte a sanar esa parte y luego volver a tus visitas diarias de cinco minutos con tus protectores.

Una de las fortalezas de Gabby como escritora y presentadora es que hace una divulgación valiente, no sólo de su propio pasado traumático sino también de los roles extremos que muchas de sus partes tuvieron que asumir para protegerla. Muchos lectores se identificarán con las descripciones de su parte adicta al trabajo, su parte adictiva en general, la controladora, la protectora agresiva de "cuchillos afilados", la parte defensiva, la parte que es un juez autocrítico, la parte codependiente y la perfeccionista. Las historias de Gabby de cómo estos protectores alguna vez dominaron su vida y ahora han cambiado esos roles para convertirse en ayudantes internos que confían en su Ser para liderar, son inspiradoras. Conforme ella se volvía más autónoma y abrazaba los SFI, podía dejar de denigrar a cada una de esas personalidades internas y, en cambio, abrazarlas con compasión y perdón.

Actualmente se escribe mucho sobre cómo deberías mostrar compasión por ti mismo de manera general, pero el proceso de Gabby no consiste en cuidar sólo a tus partes agradables. A través de sus historias personales, ilustra la capacidad de mostrar compasión y amor a todas tus partes, incluso a las que han arruinado tu vida, y hacerlo de una manera muy específica que les permite transformarse. Ella llama a esto su "proceso de revisión en cuatro pasos", y te ayuda a aplicarlo a muchas partes diferentes y difíciles de ti. Puedes usarlo en tu práctica diaria de ayudar a tus partes y también cuando alguien detona esas partes complicadas. En ese caso, aprendes a hacer lo que yo llamo un giro hacia tu enfoque y abrazar a los protectores que están activados, en lugar de permitir que se apoderen de ti y ataquen a la persona que te provocó. Luego puedes hablar por esos protectores desde el Ser, lo cual siempre resulta mucho mejor.

Como Gabby atestigua sobre su propio proceso, cuanto más logres que la práctica de revisión sea rutinaria, más confiarán tus partes en ti como líder, que es uno de los grandes objetivos de los SFI. Luego se convierte en un círculo virtuoso: cuanto más te dejan liderar tus partes y ven que las cosas salen mejor cuando lo hacen, más confían en que es sabio dejarte liderar. Como los niños que han tenido que asumir el rol de adultos en su familia y comienzan a confiar en que los padres pueden hacerse cargo, es un gran alivio para tus partes descargar toda esa responsabilidad, porque son demasiado jóvenes para dirigir tu vida. Cuanto más te ven liderar, menos extremas y más útiles se vuelven.

Con este libro, Gabby abre el camino para que yo y otros encontremos diversas formas de llevar parte del poder curativo de los SFI a audiencias más grandes y volverlo accesible para todos.

Como dije antes, éste es un sueño que se está haciendo realidad, ¡y estoy muy agradecido!

RICHARD C. SCHWARTZ, Ph.D.,
fundador de la terapia de Sistemas Familiares Internos

CAPÍTULO 1

¿Quién está dentro?

Estoy sentada sola en mi departamento en la ciudad de Nueva York con una gran taza de café junto a mi *laptop*. El café es mi compañero cuando escribo un libro.

Mis dedos se ciernen sobre el teclado con emoción. Aunque estoy lista para sumergirme, hay una parte de mí que está aterrada.

Me siento como una impostora. "¿Quién soy yo para escribir un libro de autoayuda basado en los principios de la terapia de Sistemas Familiares Internos?" La voz interna continúa: "No tengo credenciales en psicología, y no será suficiente. Me siento estúpida e incompetente. Soy un fraude".

En lugar de ignorar esta parte de mí, **elijo revisarla**.

Al centrar mi atención hacia mi interior, me vuelvo **curiosa** y observo los pensamientos, sentimientos y emociones relacionados con ello. Siento una tensión en mi estómago y ansiedad en mi pecho. Se siente como una opresión. Es como un nudo.

Paso más tiempo recopilando información. Sé que esta parte mía es femenina. Me pregunto sobre su edad. "Tengo diez", dice ella. "Estoy en clase de matemáticas y mi amor platónico acaba de llamarme estúpida. Se siente como un golpe en el estómago. Estoy avergonzada y, en el fondo, le creo. Soy mala en matemáticas. No puedo concentrarme, soy muy estúpida."

Estoy familiarizada con esta parte interna que me critica; después de todo, ha estado presente durante 35 años. En lugar de callarla, soy testigo de lo que necesita expresar. "Me siento tan estúpida", repite.

Noto una parte de mí que quiere abrazarla y recordarle lo inteligente que en realidad es. ¡Es una autora best seller #1 del *New York Times* en medio de la escritura de su décimo libro! Se ha entrenado para aprender el modelo de la terapia de Sistemas Familiares Internos (SFI). Ha explicado principios espirituales y de crecimiento personal profundamente difíciles de una manera que todos pueden entender. Estoy orgullosa de ella, y mi corazón ahora está abierto.

Me conecto compasivamente con ella colocando mi mano en mi corazón y pregunto: "¿Qué necesitas?".

"Que creas en mí", responde ella.

Una energía tranquila de amor me recorre y mi diálogo interno cambia: "Comparte tu propia experiencia: éste es tu regalo. Tus historias y experiencias vividas son lo que sanará".

Emergen sensaciones de valentía. Ella confía en este sentimiento valiente, ya no está paralizada por los sentimientos vergonzosos de ineptitud. Se siente esperanzada. Se siente segura.

Respiro hondo y coloco mis manos en el teclado.

"Ok, ahora estamos listas para comenzar."

¿QUIÉN ESTÁ DENTRO?

Aunque este diálogo interno fue breve, sería un error pensar que no fue muy profundo. Incluso las conversaciones compasivas breves con la parte de mí que se siente incompetente me permiten reiniciar y regresar al centro. Mi habilidad para mantenerme con curiosidad ante el miedo y compasiva hacia mi crítica interna me da el coraje y el valor para avanzar.

Entonces, ¿qué estaba pasando ahí en realidad? ¿Cómo pasé tan rápido del miedo al coraje? ¿Cómo apareció la compasión de manera tan fluida para ayudar? ¿Y cómo confié en la energía de esa presencia lo suficiente como para dejar de lado el miedo?

Mi capacidad para cuidarme así es el resultado de mi compromiso con la terapia de Sistemas Familiares Internos (SFI), el modelo terapéutico que ha cambiado mi vida.

Como estudiante espiritual devota, durante más de dos décadas he usado muchos estilos diferentes de sanación y caminos para el desarrollo espiritual y personal. La práctica de los SFI ha sido, por mucho, la práctica más transformadora en mi vida. He integrado los SFI sin problemas en cada faceta de mi vida, tanto a nivel personal como profesional. Esto incluye practicar el modelo durante más de siete años con mi terapeuta, participar en entrenamientos de facilitadores en el Instituto de SFI, y presentar la práctica a mi audiencia a través de mi pódcast, charlas en vivo y plataformas sociales. Este modelo ha generado un cambio profundo en mi carrera, mi matrimonio, mi maternidad y mi experiencia humana. Tanto, que he decidido escribir y compartir el milagro de los SFI dentro de este libro.

¿QUÉ SON LOS SFI?

Cuando alguien dice: "Cuéntame de ti...", ¿cuál es tu respuesta inmediata? Quizás enumeras tus credenciales profesionales o tal vez sacas fotos de tus hijos para demostrar tu rol como padre o madre. Es muy poco probable que digas algo como: "Soy divertida hasta que me lastiman. Cuando me lastiman, una parte mía se enoja mucho. Cuando me enojo, contraataco. Y cuando contraatacar no funciona, me cierro y me adormezco en internet".

Nos identificamos a nosotros mismos basándonos en una percepción exterior que hemos construido con el tiempo: lo que hacemos, a quién criamos, nuestro género, nuestra raza, nuestra religión, dónde vivimos, etcétera. Nuestro enfoque externo y las pretensiones que hemos creado sobre nosotros mismos han enmascarado lo que más importa: quiénes somos en realidad por dentro.

La reflexión interna a menudo se reserva para una hora a la semana en terapia o un momento en un cojín de meditación. La mayoría del tiempo, nuestras vidas ocupadas nos impiden tomar el tiempo necesario para reflexionar sobre quiénes somos en verdad, qué deseamos genuinamente y en realidad qué necesitamos. En lugar de ser receptivos a nuestros sentimientos, los ignoramos. En lugar de sanar de nuestras experiencias difíciles de vida, las cerramos, nos adormecemos y enfocamos nuestra atención en el exterior para evitar lo que está sucediendo en nuestro interior. Cuando nuestras circunstancias externas se vuelven desafiantes y sentimos que nuestras luchas internas nos abruman, podríamos recurrir a comportamientos adictivos como las drogas, el alcohol, el exceso de comida, el juego, o más. Hacemos esto para evitar saber quién está dentro.

Enfrentar nuestros sentimientos y emociones más íntimos no es algo que se le dé de forma natural a la mayoría de las personas. Con frecuencia nos han enseñado a reprimir, evitar o minimizar nuestras experiencias internas. Sin embargo, dentro del modelo de SFI, hay un enfoque notable para la sanación: una perspectiva compasiva con el potencial de transformar tu vida profundamente. Los sistemas familiares internos son una forma de psicoterapia basada en evidencia que parte de la premisa de que la mente está naturalmente compuesta por múltiples partes, como subpersonalidades. Los SFI enseñan que todos nuestros grandes sentimientos, pensamientos, sensaciones, comportamientos, reacciones y patrones no representan *quiénes somos*, sino *partes de quienes somos*. No somos una única persona. Estamos compuestos por muchas partes diferentes desarrolladas a partir de eventos abrumadores que sucedieron cuando éramos niños.[1]

El objetivo de los SFI es ayudarte a identificar y conocer estas diferentes partes de ti mismo para que te relaciones con tus pensamientos y emociones internos de una manera compasiva, amable y amorosa: como una familia interna. A través del proceso de los SFI, puedes aprender a conectarte con estas partes con una energía tranquila y, en última instancia, ayudarles a sentirse seguras.

EL HOMBRE DETRÁS DEL MÉTODO

Una tarde de 2020 me topé con una entrevista en YouTube con el creador de la terapia de Sistemas Familiares Internos (SFI), el Dr. Richard Schwartz (conocido como Dick). En el primer minuto de escuchar a Dick explicar los SFI, grité: "¡Eso es lo que he estado haciendo con mi terapeuta todos estos años!". Ver a Dick explicar los SFI tan claramente, y reconocer la modalidad que mi terapeuta había estado usando, fue el momento de mayor revelación de mi vida. Sentí su energía tranquila y compasiva a través de la pantalla de la computadora. Me sentí atraída a aprender más sobre esta terapia que me había estado sirviendo de manera indirecta durante tantos años, ¡así que compré todos sus libros y me convertí en su estudiante a la distancia!

Después de seis meses de leer los libros de Dick, me comuniqué con su equipo para invitarlo a mi pódcast. Me emocionó cuando aceptó, pero, extrañamente, estaba nerviosa antes de la grabación. Sin embargo, desde el momento en que él se conectó para grabar, mi energía se calmó.

Tuvimos una conexión instantánea. Su energía tranquila y curiosa me permitió establecer un verdadero sentimiento de seguridad dentro de nuestra conversación de una hora. Estaba asombrada por su capacidad para ser tan vulnerable y auténtico con una desconocida. Antes de desconectarnos, le compartí mis planes de tomar la formación de practicante de SFI. "Quiero enseñar este trabajo de alguna manera", dije. De inmediato, Dick estuvo de acuerdo en que ése era el siguiente paso para mí, y se ofreció a apoyarme a lo largo del proceso.

La terapia SFI se desarrolló de una manera muy intuitiva y guiada. A sus 30 años de edad, Dick era un terapeuta familiar con la creencia de que la terapia familiar era el santo grial. Parte de su práctica de terapia familiar implicaba trabajar en un estudio de resultados en una unidad psiquiátrica para adolescentes que trataba a pacientes bulímicos. Descubrió que su formación tradicional no les daba a sus pacientes los resultados que él esperaba. De hecho, en algunos casos parecía causar más daño que bien. Cuando les pedía a los pacientes que desafiaran la bulimia e intentaran detener el comportamiento, empeoraban y se lastimaban más a sí mismos. Al preguntarles por qué, los pacientes volvían con la misma respuesta: expresaban la experiencia de "una parte diferente de ellos" que tomaba el control cuando comían de forma compulsiva. Por lo regular, este tipo de respuesta podría llevar a un terapeuta a considerar un diagnóstico de trastorno de personalidad múltiple. Pero en lugar de eso, a Dick le dio curiosidad esa parte que quería comer compulsivamente. Su curiosidad creó un ambiente seguro para que los pacientes se sintieran vistos, respetados y escuchados. A medida que se acercaba a ellos con curiosidad y compasión, los pacientes comenzaban a calmarse, abrirse y compartir más sobre las diversas "partes" que emergían cuando eran activadas. Como resultado, Dick hizo una observación interesante. Los comportamientos extremos exhibidos por estos pacientes parecían ser una especie de mecanismo de protección, defendiéndolos contra las heridas infantiles más profundas no resueltas. Dick comenzó a usar su formación familiar para conectar con la parte del paciente que luchaba con la bulimia. Se acercó a la "parte" casi como si fuera una sesión de terapia familiar. Excepto que, en este caso, todos los miembros eran parte de la familia interior del paciente.

Durante más de 40 años, Dick ha dedicado su vida a los SFI y a ayudar a las personas a reconocer la multitud de partes dentro de ellas. Su proceso terapéutico ha sanado innumerables vidas, incluida la mía. "No existen partes malas", dice, ofreciendo a las personas un camino amable para reconocer todas las partes de sí mismas con amor y respeto.[2]

UN CAMINO AMABLE HACIA LA SANACIÓN

Los SFI son un enfoque profundamente compasivo hacia la sanación. En lugar de tratar de arreglarte o cambiarte, éstos te enseñan a explorar con curiosidad y compasión cada parte de quien eres. Esto te puede ayudar a desarrollar un entendimiento más profundo de ti mismo y de tu mundo interior, y en última instancia llevarte a un mayor amor propio y aceptación. Con un poco de curiosidad, compasión y valentía, puedes aprender a sanar e integrar todas las diferentes partes de ti mismo y crear una vida más plena y alegre.

Una amiga cercana me dijo una vez: "Gabby, tengo un problema en el trabajo. Soy muy buena en mi trabajo y me llevo bien con mis compañeros, pero cuando me siento desafiada por mi jefe, sale un lado completamente diferente de mí. Me pongo súper agresiva y contraataco. Es como si otra parte de mí tomara el control".

En un esfuerzo por saber más, le pregunté con gentileza: "¿Es posible que tu agresión esté tratando de protegerte de algo?".

Observé cómo desplazaba su atención hacia su interior. Tras un breve silencio, respondió: "Sí, me he estado protegiendo desde que puedo recordarlo".

"¿Puedes llevar tu atención hacia dentro y revisar la parte que te está protegiendo?", le pregunté.

Ella asintió.

"¿Qué estás experimentando? ¿Notas algún pensamiento, sensación o emoción específica?", le pregunté.

"Me siento mareada y con náuseas, y constantemente pienso que necesito ser perfecta y tener todo bajo control."

"¿Cuántos años tenías cuando empezaste a protegerte así?"

Sin dudarlo, exclamó: "Comenzó a una edad temprana. Mis papás cuestionaban todo lo que hacía. Buscaban que hiciera las cosas a la perfección. Aprendí que nunca sería perfecta ante sus ojos. Así que cuando el perfeccionismo fallaba, la única manera de protegerme era volviéndome agresiva y contraatacando. He estado luchando desde entonces".

Esta amable experiencia de ir hacia dentro le ofreció una nueva perspectiva sobre sí misma que tuvo un impacto profundo. Todo lo que se necesitaba para este cambio era su voluntad de mirar hacia dentro y explorar con curiosidad, lo que le permitió presenciar esta experiencia a través de la lente de la curiosidad, y sin atacar. Este momento de presenciar la experiencia le ofreció un cambio total de percepción. En lugar de juzgar su reacción agresiva, pudo, en ese momento, observarla como un mecanismo de protección que la ayudó a apaciguar los sentimientos de incompetencia de su infancia. Poder atestiguarlo le ofreció la oportunidad de ver cuánto había estado trabajando para protegerse y el impacto que eso había tenido en su vida y sus relaciones.

PARTES PROTECTORAS

Todos tenemos mecanismos de defensa únicos que aparecen cada vez que sentimos que algo se detona o activa en nosotros, ya sea una condición, situación o persona externa. Estos patrones se han desarrollado con el tiempo como un esfuerzo para protegernos contra las perturbaciones emocionales no resueltas de nuestro pasado, incluyendo experiencias de las que quizá no seamos conscientes. Cuando las perturbaciones emocionales profundas permanecen sin ser abordadas, pueden convertirse en patrones de energía persistentes en nuestro cuerpo y cerebro. En consecuencia, podemos recurrir instintivamente a respuestas de lucha, huida o parálisis cada vez que se activa una emoción no resuelta. Nuestro instinto inconsciente es evitar experimentar estas emociones intensas, lo que nos lleva a adoptar diferentes patrones de comportamiento para manejarlas y suprimirlas.

En los sistemas familiares internos, lo que a menudo pensamos que son reacciones automáticas, adicciones o hábitos se llaman *partes Protectoras*. Éstas pueden ser una parte de ti que se resiste a la autoridad o que se rinde cuando las cosas se ponen difíciles. Podrías tener un perfeccionista interno que trabaja sin cesar para evitar sentimientos más profundos de incompetencia. O una parte iracunda, siempre lista para contraatacar cada vez que te sientes desafiado. O quizás una parte complaciente que antepone las necesidades de todos los demás a las propias en un esfuerzo por sentirse digna de amor. Las partes Protectoras reciben su nombre de manera apropiada por su única misión central, que es proteger contra emociones inadmisibles del pasado. Sentimientos que se establecieron a una edad temprana, como sentirse indigno de ser amado, no ser suficiente, inseguro o incluso traumatizado.

Podrías notar que estas partes emergen cuando ciertas personas o situaciones te detonan. Por ejemplo, si tienes problemas con la autoridad, podrías reaccionar a la defensiva cuando tu jefe te cuestiona y luego lamentar haber actuado así. O quizás en las relaciones podrías apegarte demasiado rápido, y entrar en pánico si la otra persona no responde a tus mensajes de inmediato después de haber tenido sólo una cita. Estos comportamientos pueden volverse tan arraigados que podrías llegar a creer que son *quien tú* eres. Pero ¿y si sólo fueran una parte de ti que te protege de algún sentimiento o recuerdo?

Considera esto: no eres controlador, no eres iracundo, no eres codependiente. Más bien encarnas varias personalidades únicas, todas impulsadas por una intención común: suprimir sentimientos no resueltos de ineptitud, vergüenza y miedo. Estas partes de ti mismo han estado trabajando para protegerte y protegerse durante mucho tiempo.

Hay dos tipos de partes Protectoras: Gerentes y Bomberos. Los **Gerentes** casi siempre dirigen el espectáculo, y por lo común son las partes que están con nosotros en la vida cotidiana. Ejemplos de Gerentes podrían ser aquellas partes que luchan por el control en un esfuerzo por sentirse seguras, o partes críticas que juzgan a otros para evitar sentirse juzgadas. Los Gerentes son las partes Protectoras en las que confiamos con regularidad para mantener una sensación de estabilidad y bloquear la vulnerabilidad o el dolor emocional.

En situaciones donde la vida se vuelve desafiante y las técnicas protectoras de nuestros Gerentes ya no funcionan, toma el cargo otra forma de protección. Esta segunda parte Protectora se conoce en SFI como el **Bombero**. Como sugiere su nombre, el propósito del Bombero es extinguir las llamas de las emociones intensas que el Gerente ya no puede mantener a raya. Los bomberos utilizan medidas de protección mucho más extremas: en muchos casos se manifiestan como partes adictivas, dañinas o autodestructivas.

Una dinámica de Gerente y Bombero podría verse así: una parte de Gerente podría aparecer como muy organizada y perfeccionista: es la parte que insiste en crear listas de tareas, apegarse a un horario estricto, organizar meticulosamente cada detalle de la vida diaria y esforzarse por la perfección en el trabajo para prevenir críticas o fallas. Esta parte está presente todo el tiempo, y mantiene su perfeccionismo para no sentirse abrumada, rechazada o juzgada. Sin embargo, si esta parte de Gerente perfeccionista falla o comete un error, pueden rebasarla sentimientos intensos de incompetencia y vergüenza. Cuando estas emociones se vuelven abrumadoras y el Gerente ya no puede contenerlas, una parte de Bombero puede emerger y participar en comportamientos más extremos, a veces dañinos, para extinguir las emociones angustiantes. Estos comportamientos podrían incluir autolesiones, abuso de sustancias o trastornos alimentarios. Las acciones urgentes e impulsivas toman el control para adormecer o escapar de los sentimientos insoportables.

¿A QUIÉN PROTEGEN LOS PROTECTORES?

Ambos tipos de partes Protectoras (Bomberos y Gerentes) se construyen para protegerte contra sentimientos inadmisibles de vergüenza, miedo, terror y duelo que provienen de experiencias infantiles traumatizantes y comprometedoras. Veamos cómo sucede esto.

Como niños pequeños (sin importar qué tan feliz haya sido nuestra crianza), todos tuvimos experiencias intolerables, grandes o pequeñas, que nos llevaron a paralizarnos y desconectarnos de la vida. Nuestro cerebro infantil carecía de los recursos para navegar a través de estas emociones intensas. En consecuencia, las suprimimos, las excluimos y las enterramos en lo más profundo. En efecto, las exiliamos. Pero las partes jóvenes y traumatizadas de nosotros mismos que experimentaron estas emociones permanecen con nosotros. En SFI son conocidas como los Exiliados.

Todos los niños encuentran momentos en los que se sienten inadecuados o no amados, pero cuando la experiencia es muy intensa, y les provoca un dolor profundo o un terror extremo, no tienen la capacidad de lidiar con el alud de emociones y procesar las experiencias de manera segura. Así que las partes infantiles se quedan exiliadas, o paralizadas y prisioneras dentro de nosotros, y los protectores intervienen para suprimir las grandes emociones del niño interior asustado.

Incluso lo que puede parecer un incidente menor, como que se burlen de ti en el patio de recreo sin la presencia de un adulto seguro que ayude a procesar la experiencia, puede dar lugar a una parte exiliada que permanece oculta durante años. Con frecuencia he escuchado a personas minimizar su experiencia al hablar sobre sus primeros años. Mencionarán su infancia libre de traumas, mientras que al mismo tiempo hablan del divorcio de sus padres o del cuidador alcohólico. Estas referencias despreocupadas a la adversidad infantil sirven como otro medio para desconectarse de la realidad de que algo significativo ocurrió y que no pudieron procesarlo por completo.

Estos Exiliados llevan la carga de la incompetencia, la vergüenza, el terror o el miedo a no ser amados: sentimientos que eran demasiado abrumadores para que un niño los manejara. Y son estos niños traumatizados, avergonzados y con emociones no procesadas dentro de nosotros, a quienes los Gerentes y Bomberos se esfuerzan tanto por proteger.

VAMOS A REVISAR…

De acuerdo, hemos cubierto mucho terreno aquí, y quiero asegurarme de que todavía estamos en la misma página. Recapitulemos: todos tenemos nuestros propios mecanismos de protección únicos, conocidos en SFI como partes Protectoras.

- **Partes Protectoras:** son los mecanismos de protección dentro de nosotros que responden cuando nos enfrentamos a detonantes. Sirven como mecanismos de defensa para protegernos del dolor de las perturbaciones emocionales no resueltas de nuestro pasado (a menudo en la infancia).

Hay dos tipos de protectores: Gerentes y Bomberos.

- **Gerentes**: estas partes Protectoras están presentes en nuestra vida cotidiana, esforzándose por prevenir que nuestras emociones más profundas y vulnerables lleguen a nuestra conciencia.

- **Bomberos:** cuando los Gerentes están abrumados, intervienen los Bomberos. Estas partes Protectoras participan en comportamientos potencialmente más extremos, a veces dañinos, para suprimir emociones intensas relacionadas con nuestras heridas pasadas.

Los Protectores trabajan incansablemente para anestesiar la angustia emocional y el trauma no resueltos de los Exiliados.

- **Exiliados:** son las partes vulnerables que llevan el peso de nuestras experiencias negativas pasadas, similares a niños interiores atrapados en un estado de angustia.

Tanto los Gerentes como los Bomberos trabajan en conjunto para evitar que las emociones de los Exiliados salgan a la superficie, con frecuencia por medio de medidas significativas, para asegurarse de que no volvamos a experimentar el dolor del pasado.

¿Te sientes abrumado al considerar que tienes diferentes partes dentro de ti? Quizá tus ojos se estén llenado de lágrimas y estés comenzando a desconectarte. Lo entiendo. Puede ser difícil para nosotros contemplar que tenemos todos estos pequeños niños dentro de nosotros, y mucho más reconocer que existen partes infantiles *traumatizadas* y exiliadas que han estado encerradas durante tanto tiempo. Sólo tenme paciencia y pospón tu incredulidad por un momento. Voy a guiarte de modo amable para abrir tu mente a una nueva forma de percibir tu vida. Todo lo que se requiere es tu voluntad de aprender más. Los métodos en este libro no funcionarán sin tu voluntad. Así que, si estás listo para realizar el mayor cambio en tu vida, sigue leyendo y quédate para los milagros. Respira hondo, pon tu mano en tu corazón y escúchame: no hay partes malas de nosotros, y existe ayuda en nuestro interior.

SER

Lo que las partes Protectora y Exiliada necesitan —lo que *nosotros* necesitamos— es un líder interno. Alguien que pueda calmar a los niños internos y consolarnos cuando nos vemos inundados de emociones extremas o respuestas protectoras. En SFI, la verdadera sanación llega cuando nos reconectamos con nuestro recurso interno siempre presente, conocido como **Ser** (con S mayúscula). Los SFI entienden que una presencia de Ser íntegra, sabia, con recursos, tranquila y amorosa existe dentro de todos, y está disponible para nosotros en cualquier momento.

El Dr. Steven Krantz, un terapeuta de SFI, define el *Ser* como el "sol detrás de las nubes". Aunque no podamos ver el sol, sabemos que siempre está ahí. Al igual que el sol, el Ser no es algo que tengamos que encontrar, ya está ahí: sólo tenemos que permitir que se revele desde detrás de las nubes de nuestros Protectores. El Ser es nuestra verdadera naturaleza. Si te sientes cómodo con el lenguaje espiritual, podrías pensar en el Ser como tu naturaleza divina, o naturaleza de Buda, o guía interior. Reconozco al Ser como mi energía de amor siempre presente.

Quizás ha habido momentos en tu vida cuando has sentido un flujo creativo, como si estuvieras totalmente alineado con el Universo. O tal vez has sentido una presencia de calma profunda durante la meditación o al final de una larga carrera. O has experimentado una sensación de expansión interna o un momento fugaz de autocompasión. Estos sentimientos son la esencia de tu Ser más grande.

Cuando éramos niños, recurrimos a nuestros padres para que fueran la energía del Ser en nuestra vida. Pero en muchos casos nuestros padres no fueron capaces de satisfacer nuestras necesidades básicas porque ellos —como todos nosotros— no tuvieron quien cuidara de sus propios sentimientos y experiencias. Así que llegamos a depender de mecanismos de protección (partes Protectoras) para mantener a raya las emociones inadmisibles que no fueron atendidas.

Con los años, las partes Protectoras (Gerentes y Bomberos) se vuelven más fuertes y sus nubes cubren la presencia del Ser. Cada momento de vergüenza, miedo o trauma nos hace construir un escudo protector aún más fuerte, el cual bloquea la presencia del Ser. Conforme fortalecemos nuestra conexión con el Ser, podemos formar un sentido de seguridad interior y reconectarnos con el recurso de apoyo que hemos anhelado.

El Ser posee ocho cualidades esenciales, conocidas como "las 8 C": curiosidad, calma, conexión, claridad, compasión, creatividad, coraje y confianza. Estas cualidades representan colectivamente una energía siempre presente del Ser.

Los SFI enseñan que en nuestro núcleo todos tenemos acceso a estas cualidades del Ser; no tenemos que construirlas o ir a buscarlas, ya están dentro de nosotros. Cuando estamos conectados con el Ser (incluso por un momento), sentimos como si estuviéramos "en el flujo": con la capacidad de presenciar y observar compasivamente todos los sentimientos y emociones en nuestro interior. El Ser es una energía tranquila y regulada. En ese estado seguro, tenemos la capacidad de advertir y presenciar nuestras sensaciones, pensamientos, emociones y sentimientos.

Cuando el Ser es el líder de la familia interna, hay menos conflicto interno y comportamiento reactivo. Cuando estás conectado con el Ser, tu sistema nervioso se calma, tus críticos internos se relajan y sientes que fluyes.

Incluso si se te dificulta sentirte conectado con el Ser, tal vez has experimentado momentos de conexión a lo largo de tu vida. Quizá te sientes conectado con el Ser por un momento fugaz en *Savasana* después de una hora de yoga, o tal vez sientes que la energía del Ser surge mientras estás involucrado en un proyecto creativo. La energía del Ser puede surgir de forma natural cuando estamos siendo creativos, absortos en una actividad física o en la calma tranquila de la meditación. Aunque estos momentos sean breves, son suficientes para recordarte que el Ser ya está en tu interior. No necesitas reparar nada para experimentar esa presencia. Simplemente sigue los pasos de este libro para remover los obstáculos a tu conexión inherente con el Ser. Cuanto más te conectes con el Ser, más aprenderás a depender de él como un sistema de orientación interior.

Una vez más, voy a pedirte que mantengas la mente abierta. En los capítulos siguientes, te guiaré a través de prácticas poderosas para experimentar el Ser de primera mano. Por ahora, sólo permanece abierto. Tu disposición y corazón y mente abiertos son todo lo que necesito para ayudarte a desbloquear el mayor recurso de tu vida.

Toma un momento para colocar con suavidad una mano en tu corazón y la otra en tu estómago. Respira profundo y, al exhalar, suelta. Respira hondo y exhala por completo tres veces. Nota cualquier nueva sensación en tu cuerpo. ¿Te sientes un poco más tranquilo? Si notas aunque sea el más mínimo alivio o calma, debes saber que es la energía del Ser.

ALINÉATE CON EL SER

Yo tenía una Protectora incondicional muy fuerte a la que llamaba "la adicta al trabajo". Ella escribió nueve libros en el lapso de 11 años. (Observa que, aunque me refiero a mis partes como femeninas, las partes pueden manifestarse como diferentes géneros o no tener género.) Ella fue entrevistada por Oprah a los 31 años, y construyó un gran negocio sirviendo a personas de todo el mundo antes de los 35. Fue elogiada por su arduo trabajo. Aunque esta parte adicta al trabajo creó mucho bien en el mundo, era una parte atrapada en un rol extremo. Su extrema adicción al trabajo ocasionó problemas físicos reales para mí, incluyendo ataques de pánico, trastornos gastrointestinales, insomnio y, en última instancia, un colapso nervioso.

Mientras escribía esta primera sección de este libro, la adicta al trabajo intentó emerger. Yo me había tomado unos días libres para escribir, y estaba sola en mi departamento en la ciudad de Nueva York en lo que parecía ser la primera vez en años. Cuando me senté a iniciar el proceso de escritura, comencé a sentirme ansiosa. Ignoré la ansiedad, me serví una taza de café y continué escribiendo. La ansiedad se intensificó y mi corazón comenzó a acelerarse. La incomodidad fue suficiente para que me alejara de la computadora para meditar. Dirigí mi atención hacia mi interior, y revisé la parte ansiosa. La noté y le presté algo de atención. Dentro de un minuto o algo así, mi ansiedad habló. "Te estoy obligando a seguir escribiendo. No puedo dejarte tomar un descanso porque tengo miedo de no hacer nada. Tengo miedo de ser improductiva." ¡Bum! Allí estaba: la parte adicta al trabajo que creía que no ser productiva significaba que no era lo suficientemente buena. Me sorprendió mucho que, después de todos estos años, pudiera aparecer de improviso.

En lugar de permitir que la adicta al trabajo tomara el control para superar la ansiedad, sentí curiosidad por ella. Puse mi mano en el corazón. Sentí cómo la compasión recorría mi cuerpo. Mi respiración se relajó y se instaló la calma. Me conecté con mis sensaciones internas de agotamiento. Luego le pregunté a esa parte de mí qué necesitaba. "Necesito una siesta", dijo.

Escuché a la parte y me di permiso para dejar de trabajar y tomar una siesta. Cuando desperté, sentí como si hubiera tenido la sesión de terapia más profunda. Mi ansiedad había desaparecido, mi mandíbula y mi cara estaban relajadas y disfruté una buena cena. Dos horas después volví a mi computadora para documentar esta historia. La escritura fluyó sin esfuerzo. Ya no me esforzaba; fluía. En lugar de que mi parte adicta ignorara mi agotamiento, dejé que el Ser me ayudara.

Mi compromiso con los SFI no se deshizo de la adicta al trabajo; más bien, me ayudó a respetarla y cuidarla. Con compasión, ahora puedo agradecerle por su gran esfuerzo y guiarla para que haga su trabajo de una manera más amable y grata. No tuve que perder mi enfoque; sólo suavicé mis límites. Hoy, esta parte sigue siendo una trabajadora ardua, pero ya no es extrema o adicta, ni arruina mi vida. Ella toma espacio y cuida su cuerpo, y planea tiempo en su agenda para pensar creativamente y cuidarse a sí misma. Puede llegar con presencia y crear aún más porque está a gusto. Y cuando se pone nerviosa e intenta tomar el control, revisa su interior y se conecta con el Ser. Ah, y la renombré. Ya no es la adicta al trabajo. Ahora es "la fuerza de luz sin ataduras".

Cuando estás alineado con el Ser, las partes jóvenes de tu interior se sienten seguras. Cuando se activa un Protector, puedes revisar y explorar con curiosidad lo que sucede dentro, lo cual abre la puerta para que la energía del Ser fluya. Con la práctica se vuelve algo natural sintonizar con el Ser cuando una parte se detona. Con el tiempo, es más fácil acceder a la energía del Ser en situaciones que antes eran controladas por Protectores.

Una fuerte conexión interna con el Ser permite que los Protectores se sientan seguros y se liberen de sus roles extremos. Al igual que los niños, las partes necesitan sentirse vistas y tranquilas. La forma de devolverles seguridad a las partes es conectándose con la energía del Ser, que crea una presencia constante en tu interior. Haremos esto en el próximo capítulo con un proceso de cuatro pasos que llamo la revisión de autoayuda del Ser.

Esta práctica de cuatro pasos es un método basado en los SFI que diseñé para ayudar a presenciar suavemente nuestras partes Protectoras y reconectarlas con el Ser. Al establecer esta conexión, podemos crear un santuario de seguridad para nuestras partes, permitiendo que el Ser emerja como una guía interna nutritiva.

Inhalemos hondo y avancemos hacia el próximo capítulo, listos para aprender los pasos de este proceso suave pero profundo. Aquí, descubriremos cómo llevar armonía al interior.

CAPÍTULO 2

El proceso de revisión

Mi amigo Thomas, un terapeuta de SFI, una vez dijo: "¡Cuando les hablo de los SFI a mis pacientes por primera vez, se quedan atónitos!". En la mayoría de los casos, Thomas tiene toda la razón. Si no estás inclinado espiritual o terapéuticamente (o aunque lo estés), la idea de ir hacia tu interior para ayudar a tus partes infantiles es un concepto desconcertante. Así que lo que te pido aquí no es poca cosa. Te pido que transformes la forma en que te percibes a ti mismo, lo que tal vez será incómodo al inicio. Eso es de esperarse. Acabo de decirte que tienes una familia interna de jóvenes niños exiliados escondidos y un montón de Protectores llamados Gerentes y Bomberos esforzándose para reprimir el dolor de los Exiliados. Luego te dije que tienes una presencia curativa de energía del Ser dentro de ti. Sí, entiendo que es mucho por asimilar, pero haz tu mejor esfuerzo para mantener la curiosidad.

En el espíritu de la curiosidad, tómate un momento para pensar en una o más partes de ti que están manejando tu vida (quizás un perfeccionista, o una parte controladora o una parte temerosa). Date permiso para ser curioso acerca de estos aspectos de ti mismo. Abre tu mente al concepto de que son partes Protectoras que resguardan sentimientos más profundos. Observa cómo te sientes al centrar tu atención en tu interior, en estas "partes" de ti. ¿Te trae sentimientos incómodos? A lo mejor hay una parte cínica de ti que está juzgando estos conceptos y quiere cerrar el libro. O tal vez exista una parte de ti que se quiere desconectar y tomar una siesta. Cuando empezamos a enfocar nuestra atención hacia nuestras partes internas, éstas pueden hacer lo que sea necesario para desviar la atención. Las partes son niños pequeños y realmente, *realmente* no quieren enfrentar su vergüenza o miedo. Se sienten avergonzados, se enojan y se resisten. Mis partes al principio odiaban mi terapia de SFI porque les daba demasiada vergüenza ser vistas por mi terapeuta, y mucho más por mí.

Reconocer los diversos Protectores internos y comportamientos internos que hay dentro de nosotros puede ser extraño e incómodo. Sin embargo, considera la alternativa: vivir en una realidad donde nuestros protectores todo el tiempo están trabajando horas extra para protegernos del dolor del pasado. Cuando nuestras partes Protectoras están a cargo, nuestra vida puede convertirse en un ciclo de defensa, adicción, aislamiento y ansiedad. No es una forma fácil de existir, siempre en alerta máxima, lejos de la paz y el equilibrio que en realidad queremos.

En este capítulo, haz tu mejor esfuerzo para mantenerte abierto a esta nueva percepción y atestigua con suavidad lo que está surgiendo en ti en este momento. Aunque puede que no suceda de la noche a la mañana, al involucrarte con el método de revisión de cuatro pasos que presentaré en este capítulo, y aplicándolo constantemente conforme avanzas a lo largo del libro, poco a poco encontrarás que el proceso se convertirá en algo natural. He diseñado este proceso de revisión para que actúe como una guía hacia una conexión compasiva con tus partes. Estaré contigo en cada paso del camino, y mi esperanza es que te mantengas curioso. Tu curiosidad ofrecerá posibilidades creativas para que surjan cambios profundos y una nueva forma de vivir tu vida. Mantente abierto al camino que te presento.

CÓMO FUNCIONA...

El método de revisión que presento en este libro no es terapia SFI, sino más bien un proceso de autoayuda basado en los SFI. Es mi manera de presentarte a tus Gerentes (un tipo de parte Protectora) y liberar los bloqueos a la presencia del Ser (la guía interna). Como no estamos en un entorno terapéutico, no te indicaré que interactúes con tus Bomberos —las partes Protectoras más extremas o adictivas— o tus Exiliados, que son los aspectos más vulnerables y jóvenes de ti mismo, porque interactuar con estas partes puede ser muy abrumador. Sin embargo, los Bomberos y los Exiliados pueden surgir a lo largo de este viaje. Si notas que surgen estas partes de ti, coloca con suavidad tu mano sobre tu corazón y respira hondo todo el tiempo que necesites. Si esto sigue sucediendo, o si te sientes abrumado, recomiendo que trabajes tus partes con un terapeuta SFI certificado. Puedes encontrar un directorio de terapeutas SFI en DearGabby.com/SelfHelpResources.

Para los propósitos de este libro, cuando hable de una parte Protectora sabrás que me refiero a un Gerente. Al enfocar tu atención en las partes de Gerente que están comúnmente contigo a lo largo del día, tendrás la oportunidad de relacionarte contigo mismo de una manera completamente nueva. Mi objetivo es hacer esto fácil y accesible para que lo apliques en tus propios términos: en cualquier momento, en cualquier lugar. Lo haré a través de un simple proceso de cuatro pasos diseñado para ayudarte a cambiar tu percepción de verte a ti mismo como sólo un ser humano a ser testigo y conectar con las partes Protectoras que han estado dirigiendo tu vida. Al ser testigo sin juicio de estos Gerentes, comienzas a abrir la puerta para que avance la energía compasiva y tranquila del Ser. Te guiaré para que de manera consciente revises tus pensamientos, sentimientos y emociones, y luego explores con curiosidad y escuches.

Mi enfoque basado en SFI para estos pasos es diferente del modo como se hacen de manera tradicional los SFI en una sesión de terapia; después de todo, esto es *Autoayuda*. A lo largo de mi carrera como autora de autoayuda, he sido como una traductora o intérprete, desmitificando verdades espirituales y principios de desarrollo personal de una manera que resulte fácil de entender y practicar. En este libro, actúo una vez más como traductora para ofrecerte una introducción a los principios de SFI a través de un camino guiado por el Ser. Al seguir los métodos descritos en este libro, podrás verte a ti mismo de una manera completamente nueva. Estos métodos amables apoyarán a tus protectores y los ayudarán a sentirse vistos. El objetivo no es arreglarlos, sino observarlos con compasión, ayudarlos a sentirse tranquilos y crear un espacio para que la energía del Ser se manifieste. Cuando esto sucede, el Ser se convierte en tu mayor recurso y sin duda transformará tu vida para mejor.

El proceso de revisar y comunicarte con regularidad con tus partes de Gerente te empoderará y te brindará un nuevo sentido de confianza. En lugar de pasar tus días consumido por estos mecanismos de protección y actuar *como* una parte, podrás hablar *por* la parte. Cada vez que hagas una revisión usando el método de cuatro pasos, verás que los patrones extremos, el comportamiento reactivo y los pensamientos destructivos no son lo que eres sino una parte de lo que eres. Este sutil ajuste en tu psique abre tu corazón a tus partes, lo que te permite ser testigo de ellas a través de la lente de la compasión.

NUEVAS VÍAS NEURALES Y PATRONES HABITUALES

Al seguir la revisión de cuatro pasos y conectarte con tu mundo interior, estás creando una experiencia interna segura, un lugar donde todas tus partes son bienvenidas, vistas y respetadas. Cada vez que haces una revisión con una parte Protectora, creas un nuevo patrón —una conexión curiosa— que reemplaza tus respuestas ante un factor detonante. La repetición de este comportamiento te ayudará a establecer nuevas vías neuronales en tu cerebro. Por eso, a lo largo del libro continuaré volviendo al proceso de revisión. En cada capítulo te guiaré para practicar este proceso de revisión de cuatro pasos para ayudarte a crear el hábito de elegir conectarte con tu interior cuando estés activado, para explorar con curiosidad las partes que se detonan y ofrecerles apoyo en el momento. Estos cuatro pasos están diseñados para ayudarte a ser testigo de tus partes a través de la lente del Ser —la presencia del amor—, una naturaleza intuitiva en la que puedes confiar. Ésta será la relación más grandiosa de tu vida.

Mi esperanza es que este proceso te ofrezca una nueva forma de relacionarte contigo mismo y una oportunidad de sentirte seguro internamente. Veo esto como la guía definitiva de autoayuda que te empoderará para saber que siempre existe apoyo disponible para ti: el apoyo infinito del Ser. Además, este libro te guiará en tu camino hacia un desarrollo terapéutico y espiritual todavía más profundo. Puede guiarte hacia el consultorio de un terapeuta de SFI, ayudarte en tu viaje hacia la sobriedad o inspirarte a profundizar en tu práctica espiritual. Este libro está diseñado para ofrecerte un camino accesible a una nueva y milagrosa forma de vivir.

EL PODER DE ELEGIR UNA NUEVA PERCEPCIÓN

Hay una cita famosa que con frecuencia se le atribuye a Victor Frankl: "Entre el estímulo y la respuesta hay un espacio. En ese espacio está nuestro poder para elegir nuestra respuesta. En nuestra respuesta radica nuestro crecimiento y nuestra libertad". Esta verdad encarna toda la esencia de las prácticas basadas en SFI en este libro. Cuando nos tomamos el tiempo suficiente para ir hacia nuestro interior y atender a nuestras partes Protectoras, podemos experimentar el espacio "entre estímulo y respuesta". En ese espacio, nos desvinculamos del control del Protector, lo observamos como una parte y despejamos el espacio para que el Ser nos ayude. Esta amplia apertura permite que la energía del Ser nos impregne, abriendo nuestro corazón a nuestras partes activadas, extendiendo la compasión y estableciendo una conexión.

Aceptar al Ser como tu guía interna te ayudará a que decidas percibir tus partes y tu vida a través de la lente del amor. El método de revisión de cuatro pasos te permite crear un espacio para tomar decisiones. Cuanto más elijas guiarte por tu verdadero Ser en lugar de por los impulsos detonados por el miedo de tus partes, experimentarás un mayor sentido de liberación en tu interior.

EL MÉTODO DE REVISIÓN

Paso 1. Elige hacer una revisión

Al abrir este libro, ya has decidido volverte hacia dentro para el crecimiento y el desarrollo interno. Has elegido la libertad sobre el miedo, una elección que está disponible para nosotros en cualquier momento. Cada vez que notes que algo en ti se ha detonado o activado, ésa es una señal para elegir ir hacia tu interior. En lugar de pasar por alto tus grandes sentimientos y emociones, tómalos como una guía que te revela que hay una parte joven dentro que necesita apoyo. Al tomar la decisión consciente de ir hacia tu interior, haces una pausa y te alejas del detonante y rediriges tu atención hacia dentro.

Paso 2. Curiosidad

Después de elegir ir hacia el interior, el siguiente paso es explorar con curiosidad.

- Coloca una mano en tu corazón y la otra en tu vientre para calmar tu sistema nervioso. Desacelera tu respiración y lleva tu atención al interior.
- ¿Notas algún sentimiento, pensamiento o sensación interior?
- ¿Dónde detectas esos sentimientos en el cuerpo?
- ¿Qué sabes acerca de esta parte de ti? (Por ejemplo, ¿tiene una edad, imagen o historia vinculada a ella?)

La curiosidad te ayuda a obtener más información y comenzar a ver los grandes sentimientos, pensamientos o sensaciones como una parte de ti *en lugar de lo que eres*. La curiosidad es una forma de respeto por la parte que está surgiendo.

En cuanto tengas una percepción de la parte interna, es hora de pasar a la compasión.

Paso 3: Compasión

Con aún mayor suavidad, de nuevo pon tu mano en tu corazón y respira profundo. Sigue respirando hacia los sentimientos, pensamientos y sensaciones internas, ofreciéndoles espacio y aceptación. Continúa este ciclo de respiración todo el tiempo que necesites.

Luego pregúntale: "¿Qué necesitas?".

Esta simple pregunta es un acto de compasión hacia la parte. Permite que la parte responda con lo que surja. Con frecuencia, estas partes dirán cosas como: *necesito jugar, necesito descansar, necesito bailar.* Permanece presente con lo que surja.

Tus partes pueden responder de maneras que te conmuevan profundamente. Al conectar con la parte con compasión, puedes permitirle hablar por lo que necesita: sentirse segura, vista y apoyada. Y tal vez, incluso por un momento, la parte pueda conectarse con una presencia compasiva interna, la presencia del Ser.

Paso 4: Verificar las cualidades C del Ser

El paso final es comprobar las cualidades del Ser, las 8 C de las que hablamos en el capítulo 1. Éste es un momento para ser el testigo de tu paisaje interno y sentirlo.

Verifica las C:

Curiosidad: el Ser es innatamente curioso y está dispuesto a explorar pensamientos, sentimientos y emociones desde un lugar de compasión.

Compasión: el Ser sostiene la energía de la compasión, extendiendo amor y amabilidad hacia uno mismo y hacia los demás.

Calma: el Ser es tranquilo y está centrado incluso en los momentos más desafiantes. Es un sentido de calma interna que fluye de modo natural.

Claridad: el Ser es tu luz que te guía, que te da visiones claras y cristalinas para ver situaciones y emociones con pura objetividad y sabiduría divina.

Creatividad: dentro del Ser yace un manantial de brillantez creativa, una fuente sagrada de soluciones innovadoras y percepciones profundas que te guían sin esfuerzo a través de los desafíos de la vida.

Conexión: el Ser es el puente hacia un profundo sentido de unidad, que te conecta con el mundo y todos los seres, y nutre una profunda sensación de interconexión que resuena desde tu corazón.

Coraje: el Ser es tu aliado sin miedo, que te insta a enfrentar y abrazar emociones difíciles y situaciones desafiantes con una valentía inquebrantable.

Confianza: el Ser irradia una confianza inexorable en sí mismo, y enciende el poder dentro de ti para que tomes decisiones con confianza y tus acciones honren tus verdaderos valores y deseos más profundos.

Cuando notes que cualquiera de estas ocho cualidades C aparece (incluso por un momento), puedes estar seguro de que la energía del Ser está rasgando el velo de protección para recordarte que no estás solo. Cuando el Ser entra en tu conciencia, tu cerebro recibe el mensaje de que estás seguro. Cada molécula de seguridad tiene un profundo efecto en tu estado emocional y tu sistema nervioso. La conexión compasiva ayuda a tus partes a sentirse respetadas por sus experiencias. La calma del Ser activa respiraciones más profundas y cambios fisiológicos, permitiendo que tu cuerpo se estabilice. La claridad que proviene del Ser te permite responder y reaccionar a situaciones de manera consciente, abriendo el espacio para soluciones más creativas. Conforme desarrollas el hábito de conectarte con tus partes, la presencia del Ser se vuelve cada vez más disponible para ti, lo que te permite vivir con más coraje y confianza. Pasar cinco minutos al día haciendo una revisión con una parte ayuda a que se asiente, y eso permite que las cualidades C del Ser emerjan.

El proceso de revisión será tu guía a lo largo del libro. Aunque cada capítulo presenta mensajes y prácticas únicas, el proceso de revisión seguirá siendo constante. He incluido intencionalmente el proceso de revisión en cada capítulo para ayudarte a interiorizar los cuatro pasos y después integrarlos en tu vida diaria. Conforme avanzamos en el libro, seguiré guiándote a través de la revisión de cuatro pasos, permitiéndote aprender más sobre tus partes a medida que el proceso se vuelve más natural. De esta manera, descubrirás de forma gradual un mayor sentido de paz al mismo tiempo que expandas tu conciencia de la energía del Ser dentro de ti.

Cada capítulo se basa en el siguiente, para que tengas una sensación constante de seguridad a lo largo de tu viaje. En los próximos capítulos, te ayudaré a familiarizarte con algunas de tus partes de Gerente (siempre refiriéndome a ellas como Protectoras). Luego, en los capítulos posteriores, cuando tengas un sentido más fuerte de tus partes, te guiaré por medio de prácticas que te ayudarán a elevar tu conciencia del Ser. También te recomiendo que tengas a la mano un diario o cuaderno cuando practiques el proceso de revisión.

RESISTENCIA A LAS PARTES

Es perfectamente normal si el proceso de cuatro pasos al inicio parece desafiante o abrumador. A menudo, cuando a las personas se les presenta por primera vez el concepto de partes internas, hay una resistencia natural o una tendencia a desvincularse de ellas. Después de todo, estas partes internas han sido nuestras compañeras durante años. Si percibes que estás luchando con la idea o si te sientes un poco a la defensiva al respecto, no te preocupes, no estás solo. Esta experiencia es común cuando comenzamos a navegar y entender las complejidades dentro de nosotros mismos.

A menudo fui testigo de esta resistencia cuando trabajaba como conferencista en un centro de recuperación. Una vez di una charla de una hora al grupo más nuevo de invitados, algunos con sólo días o semanas de sobriedad. Desde el 2 de octubre de 2005 soy una mujer sobria, y tengo una gran compasión por su sufrimiento y respeto su adicción. En una sesión, presenté la idea de que la parte adicta que les ha provocado tanto daño no es inherentemente mala. "Ha estado tratando de protegerlos por mucho tiempo", expliqué. "Su adicción fue una forma extrema de apagar el fuego de sentimientos inadmisibles de dolor en su pasado."

Un hombre habló y dijo: "No creo que sea el dolor lo que me hace un adicto. Es mi incapacidad para dejar de beber". El resto de la audiencia se inquietó, y muchos asintieron.

En un esfuerzo por crear conexión con el grupo, compartí una verdad dura y personal. "A mí me tomó una década de sobriedad recordar las razones que había detrás de mi uso de sustancias", les dije. "A la edad de 36 años, después de diez años de sobriedad, recordé una experiencia de trauma sexual en la infancia. En el instante en que lo recordé, me quedó claro por qué había luchado con la adicción a la cocaína. Recurrí a lo que fuera necesario para calmar el recuerdo insoportable y horroroso que había quedado enterrado en mi pasado."

Aunque fue una verdad aterradora para compartir, resonó con la audiencia. Al compartir mi verdad con calma y valentía, les ayudé a reconocer la suya.

Luego le pregunté al grupo: "¿Cuántos en esta sala han enfrentado adversidades graves o traumas en su infancia o en algún momento de sus vidas?". Todas las personas, incluida yo, levantaron la mano.

"Entonces, si todos en esta sala han experimentado alguna forma de trauma o adversidad extrema, ¿por qué no haríamos lo que fuera necesario para adormecer ese dolor?", pregunté.

La energía en la sala cambió de nuevo. Vi que los ojos de un hombre se llenaron de lágrimas. Una sala de cien personas soltó un suspiro colectivo de alivio. Por un momento no estaban solos en su sufrimiento, se sintieron vistos, y se estableció una conexión.

Nos esforzamos arduamente para detener nuestros patrones extremos. Dejar de beber, dejar de comer en exceso, dejar de enfurecernos, dejar de controlar, dejar de avergonzarnos. Pero ¿y si estos patrones extremos son, de hecho, un intento de protegernos apagando las llamas de emociones que son demasiado insoportables para enfrentar?

Reconocer las razones subyacentes de los comportamientos extremos de nuestros Protectores puede ayudarnos a acceder a una percepción compasiva de ellos. Nuestras partes Protectoras están intensamente impulsadas a evitar el dolor, eludir la vergüenza y eliminar traumas pasados, las partes Exiliadas. Estos Exiliados encarnan perturbaciones emocionales profundas y no resueltas que han moldeado nuestra autopercepción desde una edad temprana. Hemos pasado años, quizá décadas, en una lucha implacable para ocultar nuestros arraigados sentimientos de ser indignos de amor o de incompetencia de alguna manera. Nuestra dependencia de estas partes Protectoras es profunda y ubicua, y sin ellas nos enfrentaríamos a emociones no permitidas. Si bajáramos nuestras defensas, ¿qué quedaría? Nos enfrentaríamos a las dolorosas emociones de miedo, trauma e indignidad, sentimientos que estamos desesperados por evitar. Por tanto, es comprensible que nos resistamos a examinar nuestras partes Protectoras.

La historia que pude compartir en el centro de recuperación fue difícil de contar. Cuando comencé las sesiones de terapia de SFI, me resistí a la idea de que había partes más jóvenes en mi interior. Durante años rechacé a mi terapeuta, diciendo cosas como: "No sé quién está dentro de mí. ¡Soy sólo yo!". Con el tiempo comencé a reconocer que tenía mecanismos protectores reactivos, y aunque podía analizar por qué existían seguía sin ser consciente de lo que en realidad subyacía debajo de mis comportamientos extremos. Luego, cuando tenía 36 años, tuve un sueño. En él yo era muy joven y estaba extremadamente aterrorizada. Era una niña pequeña que sufría abuso sexual. En el sueño me convertí en adulta y confronté al abusador. Cuando desperté, estaba llena de terror. Al mismo tiempo, fue la sensación más palpable de la verdad, la verdad que me aterrorizaba enfrentar. Se sentía tan real que de inmediato lo reprimí y me dije que nunca hablaría de ello de nuevo.

Más tarde esa semana, durante mi sesión de terapia, surgieron más ideas. Mi terapeuta me animó a enfocar mi atención hacia mi interior y conectar con las partes de mí que habían estado presentes en ese momento. De repente, salté del sofá y exclamé: "Es una niña. Ha sido abusada". Y ahí estaba. A la edad de 36 años, me conecté con la niña interior que había sufrido abuso. Mi sueño había creado la oportunidad para que resurgiera mi niña interior exiliada. El Protector disociativo que ocultó este recuerdo era de hecho un Protector extremo.

Durante más de tres décadas, construí muchas partes Protectoras para mantener en silencio a la niña abusada exiliada. Incluso nombré algunas de estas partes Protectoras. Por ejemplo, estaba "la controladora", que con diligencia intentaba supervisar cada pequeño detalle en mi vida para mantener una sensación de seguridad. Luego estaba el Gerente "cuchillos afilados", que respondía rápido y con agresión cada vez que me sentía amenazada. Y estaba "la adicta", una parte de Bombero que recurrió a las drogas para apagar el fuego de las emociones extremas enterradas en mi interior. Estos Protectores eran sólo algunas de las muchas partes dentro de mí que trabajaban incansablemente para protegerme de enfrentar las emociones angustiantes relacionadas con el abuso en mi infancia. Su trabajo era sencillo: nunca dejar que saliera "la pequeña Gabby aterrorizada".

Un ejemplo menos extremo involucra a una amiga mía, a quien llamaré Sarah para proteger su identidad (guardaré el anonimato en todos los ejemplos a lo largo del libro). Sarah creció en un hogar amoroso donde se satisfacían todas sus necesidades materiales. Estudió en una buena escuela pública, disfrutó vacaciones familiares, siempre tuvo comida casera y, en general, su vida fue agradable. Sin embargo, cuando se trataba de las grandes emociones de Sarah, sus padres muy seguido las desestimaban. La callaban con comentarios casuales como "Vas a estar bien. Sólo supéralo", sin importar lo que la afectara. Aunque estos comentarios esporádicos podrían haber parecido insignificantes, tuvieron un profundo impacto en Sarah. Nunca se sintió realmente vista o segura al expresar sus emociones, ya fueran grandes o pequeñas. Siempre que sus padres decían: "Estás bien, lo vas a superar", le transmitían a Sarah que sus sentimientos eran intrascendentes, que había algo malo con ella o que era demasiado abrumadora. En lugar de recibir el apoyo emocional que necesitaba, la joven Sarah se sentía avergonzada de sus sentimientos. Como resultado, desarrolló una fuerte Protectora cuya función era avergonzar y culpar a los demás cada vez que se sentía molesta. En lugar de decirle a la gente cómo se sentía, Sarah *mostraba* sus sentimientos con agresión y un tono de voz negativo. Una de las respuestas más contundentes a la vergüenza es "devolver esa misma vergüenza", como una manera de desviar el dolor.

Este Protector ha estado con Sarah durante décadas y ha causado muchas rupturas en sus relaciones adultas. Tiene problemas para decirle a la gente cómo se siente en realidad, y tiene una creencia fundamental de que sus sentimientos no importan. Su Protector vergonzante siempre está alerta, listo para asignar culpa o vergüenza cuando se siente incompetente o no amada.

Cuando reconoces la motivación detrás de estos comportamientos puedes hacer una pausa. Puedes encontrar un punto de conexión con alguna de nuestras historias, o sentir compasión por las formas en que Sarah y yo hemos lidiado con nuestro sufrimiento. Sin importar qué estés notando ahora, reconocer la motivación que hay detrás de los Protectores es un primer paso esencial para comprender el rol de las partes Protectoras en general.

La comprensión que se obtiene de este reconocimiento puede ser transformadora, porque te permite tener empatía por ti mismo y por otros que participan en patrones protectores similares. Reconocer la motivación que se presenta detrás del comportamiento abre la puerta para que la autocompasión se manifieste.

Al observar la motivación detrás de los patrones extremos en ti mismo o en otros, puedes comenzar a ver éstos como el trabajo de los Protectores y no como defectos de carácter. Este cambio de perspectiva es crucial: te ayuda a entender que tu comportamiento, hábitos y reacciones no son indicativos de tu fracaso o incompetencia. De hecho, son evidencia de tu profundo compromiso de protegerte con fiereza.

No estoy sugiriendo que no asumas la responsabilidad de tus acciones. Por el contrario, creo que es vital que te hagas cargo de tus comportamientos. Sin embargo, es igualmente crucial abordar y sanar las motivaciones subyacentes que impulsan estos comportamientos. Al hacerlo, no estás tratando sólo los síntomas; estás nutriendo y sanando las causas verdaderas, lo cual puede llevar a cambios profundos y duraderos en la vida.

Esta perspectiva empática puede abrir el camino para una reflexión más profunda en los próximos capítulos. Aquí mismo, ahora mismo, esta nueva perspectiva tiene el poder de servir como base para el trabajo interno que necesitas a fin de transformar tus partes Protectoras en atributos conscientes, saludables y positivos.

LA PROMESA

Al practicar el proceso de revisión de cuatro pasos, puedes liberarte del control de tus Protectores y aprender a escucharlos y hablar por ellos, en lugar de hablar *como* ellos. Estos cuatro pasos están arraigados en la sede de la energía del Ser. Al reconocer en el momento que tienes la opción de ir hacia tu interior, ya no eres víctima de tu pasado. Al extender la curiosidad hacia dentro, estás despejando suavemente un espacio para que la parte revele lo que necesite revelar. Al preguntarle a la parte qué necesita, estás extendiendo compasión y conexión. Luego, al notar las 8 cualidades C, refuerzas tu propia experiencia de la energía del Ser para que sea más evidente en tu vida. Al hacerlo, puedes conectarte con calma al "espacio entre el estímulo y la respuesta". Puedes atender a la parte y elegir de nuevo.

Cuando exploramos con curiosidad nuestras partes que están activadas, sucede un cambio milagroso. El milagro es el cambio en la forma en que nos sentimos acerca de nosotros mismos. En lugar de juzgarnos y atacarnos por no pensar o hacer las cosas "bien", nos volvemos curiosos acerca de los sentimientos y la motivación subyacentes de nuestro comportamiento. En lugar de huir, avergonzar o adormecer nuestras partes, podemos volverlas nuestras amigas. Podemos darle a cada parte de nosotros el espacio para ser vista y escuchada, permitiéndole sentirse calmada y conectada.

Recuerda, el Ser no está fuera de ti, y no tienes que hacer nada para llegar a él. Cada vez que haces una revisión, creas una oportunidad para reconectar con el Ser. Cada pequeña conexión con el Ser puede ser tan sencillo como un suspiro de alivio, un momento fugaz de presencia o una sensación de seguridad en tu cuerpo. Estos momentos son milagros. Cuando sumes los momentos milagrosos de conexión con el Ser, recordarás la valerosa fuerza y sabiduría de quién eres en realidad.

Hoy, mi respeto por mis partes y mi conexión con el Ser han cambiado el modo en que me presento en el mundo, la forma en que lidero, amo y vivo. Mis partes Protectoras, que una vez dirigieron mi negocio, se han calmado, así que mi equipo puede prosperar de manera segura en un espacio creativo. Mi parte defensiva se ha asentado, y eso me permite verme a mí misma y a mi esposo a través de la lente de la compasión, incluso en medio de una discusión. Criar desde el Ser me ha ayudado a crear un ambiente seguro y reconfortante para mi hijo. Lo más importante es que mi acceso al Ser me ha dado la conexión con el progenitor que siempre anhelé. Ahora sé que existe una presencia de amor guiándome y protegiéndome. Dejar que el Ser lidere me ha dado una profunda libertad y paz.

¿Qué significará esto para ti? Dejar que el Ser lidere te permitirá encontrar más éxito en el trabajo. Tus relaciones se volverán alegres, seguras y estables. Tendrás la confianza para examinar patrones adictivos y destructivos desde un lugar gentil, amoroso y compasivo. Experimentarás un estado elevado de intuición, y podrás acceder con más facilidad a la serenidad y la seguridad. Puedo respaldar estas promesas porque las he vivido. Los métodos amables en este libro apoyarán a tus Protectores y los ayudarán a sentirse vistos. El objetivo no es arreglarlos, sino verlos con amor, ayudarles a sentirse calmados y crear un espacio para que la energía del Ser se manifieste. Cuando esto suceda, el Ser se convertirá en tu mayor recurso.

Reconectarme con el Ser ha sido un viaje transformador para mí, ya que ha cambiado mi energía, ha ampliado mi propósito y ha elevado cada faceta de mi vida. Mi profunda conexión con el Ser desató mi libertad, y es mi misión divina guiarte de regreso a esa misma libertad que ya habita dentro de ti.

CAPÍTULO 3

Creencias fundamentales

Durante casi 20 años he enseñado a otros los principios espirituales y el poder de manifestar. A lo largo de esos años, he visto una tendencia común: muchas personas suelen pasar por alto el trabajo interno realmente profundo y necesario para lograr un cambio real y duradero. La dura verdad es que, aunque podemos hacer ajustes superficiales en nuestras acciones, el verdadero cambio sólo puede suceder cuando sanamos desde el interior y abordamos las creencias fundamentales que nos impiden manifestar la vida que deseamos. Las creencias negativas de nuestro pasado, nuestros traumas, nuestro sufrimiento y nuestro dolor se reproducen en el presente y se proyectan hacia el futuro. Creencias como “No es seguro pedir lo que quiero”, “Lucho con el dinero”, “No soy inteligente” o “No soy digno de amor” pueden dominar nuestra conciencia y manifestarse en nuestra realidad. Manifestamos lo que creemos.

Lo entiendo, la mayoría queremos una solución rápida o un método fácil para manifestar. Queremos una herramienta para atraer romance, abundancia o éxito. El deseo de un cambio rápido es comprensible, y a veces incluso éste es posible. Eso se debe a que los métodos de manifestación pueden mejorar tu perspectiva, tu actitud y tu energía, y así te permiten atraer ciertos deseos a tu vida. Pero una vez que atraes lo que quieres, ¿puedes mantenerlo? ¿Crees que eres digno de ello? No. No dura porque los cambios perdurables requieren un cambio genuino y duradero, el tipo de cambio que te abre a infinitas posibilidades y redirige tu vida. Ese cambio requiere una inmersión profunda hacia el interior.

Para lograr un cambio verdadero y duradero y manifestar nuestros deseos, debemos estar dispuestos a enfrentar y sanar con valentía los pensamientos repetitivos, los traumas infantiles y las creencias fundamentales que dan forma a la trayectoria de nuestra vida. He encontrado que los SFI son transformadores en este proceso. Cuando nos conectamos con el Ser, una presencia interna de valentía, compasión, claridad y creatividad, nos liberamos del dominio de nuestras partes Protectoras, permitiendo así que se dé un cambio duradero. Al liberarnos de las cargas de nuestro pasado, nos liberamos por dentro y estamos seguros de explorar y sanar las creencias fundamentales que nos han mantenido reprimidos. Cuando nos alineamos con el Ser y sanamos nuestras creencias fundamentales, vivimos con mayor facilidad, confiamos en la vida y podemos manifestar sin esfuerzo.

Al reflexionar sobre lo que he compartido, podrías estar pensando: "Gabby, ¿cómo demonios puedo cambiar mis creencias fundamentales?". Entiendo que puede parecer una tarea insuperable, pero tengo buenas noticias: ya estás dando los primeros pasos hacia allá. Simplemente al estar aquí, leyendo un libro llamado *Autoayuda*, le has enviado un mensaje claro al Universo de que estás listo y dispuesto para la transformación y la sanación.

Incluso si tus circunstancias de vida actuales no se alinean con tus deseos más profundos, confía en esto: ya estás en el camino indicado. El primer paso hacia el cambio es ser testigo de tus partes que te alejan de la paz interior y la vida que deseas. No podemos sanar lo que no podemos ver, y no podemos transformar lo que no aceptamos. Los momentos en nuestra vida cuando estamos de rodillas, luchando contra la adicción, atravesando un divorcio, alejándonos de una carrera, recibiendo un diagnóstico: esos momentos aterradores en la vida son el catalizador para nuestro mayor despertar y transformación. Son los momentos que nos abren a la posibilidad de creer en algo nuevo. Son los momentos en que nos rendimos lo suficiente para dejar que el Ser ayude.

La noche en que me senté a trabajar en este capítulo, recibí un mensaje de texto desgarrador de una amiga que decía simplemente: "Él pidió el divorcio". La llamé de inmediato, y me compartió con coraje y valentía su dolor mientras hablaba de su esposo, el hombre que una vez cumplió sus mayores deseos, y que ahora la abandonaba. Entre lágrimas, admitió con coraje y valentía su propio rol en la relación, y reconoció la necesidad de sanar. Con compasión y claridad, le respondí: "Ésta es tu apertura, hermana. Cuando tocas fondo, tienes la oportunidad de sanar las creencias fundamentales que te bloquean".

Aunque quizá mi respuesta no haya sido la charla motivacional que ella esperaba, era la verdad. En lugar de dar consejos rápidos para encontrar un nuevo compañero o formas de persuadir a su esposo para que regresara, compartí con ella el consejo más significativo que le podía dar: mirar hacia dentro y explorar las creencias que le impiden obtener el amor que desea.

Ahora te ofrezco el mismo consejo a ti. Éste es tu momento, la oportunidad de sanar tu pasado y transformar tu futuro. Al abrir este libro, has puesto en marcha las ruedas. Con cada página que lees, refuerzas tu compromiso de mirar hacia tu interior y conectar con cada parte de ti mismo. Éste no es sólo un proceso de reacondicionamiento mental, sino una increíble oportunidad para forjar nuevos caminos neuronales en tu cerebro, y facilitar así un cambio radical en las creencias fundamentales: cambios internos que transformarán tu vida.

UNA NUEVA PERSPECTIVA

Con frecuencia, durante mis charlas en vivo, le pregunto a la audiencia sobre las creencias que los bloquean para atraer sus deseos. Como respuesta, escucho los mismos mensajes que resuenan en mí: "No soy lo bastante bueno", "No soy digno", "No soy amable", "No tengo suficiente", "No merezco esto" y "Debo controlar todo para tener éxito". Profundizo un poco más, preguntando cómo les hacen sentir esas creencias. Las respuestas frecuentes incluyen ira, molestia, frustración, desesperanza y miedo. Estas creencias han acumulado tanto poder en la mente inconsciente de estas personas que se sienten atrapadas, como si no hubiera salida de esta lucha interna.

Durante una de mis sesiones en vivo, una mujer en el público respondió a la pregunta con frustración, diciendo: "Odio esta creencia. ¡Sólo quiero superarla ya!". La miré a los ojos y le ofrecí una perspectiva alterna: "¿Y si te dijera que no tienes que superarla, sino que puedes volverte su amiga?". Todo el público suspiró al mismo tiempo, expresando alivio ante la noción de abrazar sus creencias en lugar de rechazarlas. Este cambio de perspectiva abrió la puerta a un enfoque totalmente nuevo y empoderador para lidiar con sus luchas internas.

Mientras continuaba en el escenario hablando con esta mujer del público, propuse con suavidad que estas creencias y comportamientos negativos eran, de hecho, mecanismos de protección. Representaban partes de su psique trabajando sin cesar para protegerla de sentimientos muy enterrados y no resueltos de su pasado, que le resultaban demasiado dolorosos o inaceptables para enfrentar de forma directa. En un instante, su energía cambió. En un auditorio levemente iluminado y lleno de más de mil extraños, la energía del grupo se alineó y la audiencia estuvo de acuerdo. Esta conexión compartida le permitió al público beneficiarse de la transformación de esta mujer, y la energía comunitaria del Ser tomó control.

Emocionada por el impulso de este cambio colectivo en la energía del Ser, procedí a preguntar: "Cuando lo consideras desde esa perspectiva, ¿altera cómo te sientes?". Ella respondió: "Cuando veo mis creencias y mis patrones como mecanismos de protección de mi pasado desordenado, siento compasión por mí misma". En ese momento, la conciencia compasiva abrió la puerta para que el Ser emergiera.

¿QUÉ CREENCIAS TE RETIENEN?

Tómate un tiempo para reflexionar sobre cualquier creencia limitante o basada en el miedo que tengas. ¿Tienes un diálogo interno constante, como "Nunca seré lo bastante bueno" o "Nadie me amará nunca" o "Tengo que sufrir para tener éxito"?

Presta atención a una creencia fundamental que dirija tu vida.

¿Cómo te hace sentir?

¿Cómo te reprime en la vida?

Ahora abre más tu mente. Considera que esta creencia podría ser una parte Protectora tratando de manejar las perturbaciones no deseadas de tu pasado. Considera que esta creencia está motivada por los mecanismos de defensa que has construido con el tiempo: las partes Protectoras que manejan tus grandes emociones y sentimientos exiliados.

Conforme intelectualizas esto, podrías notar que te incomoda ver esta creencia como una forma de protección. Quizá te sientes apegado a ella, tan apegado que no puedes imaginar siquiera otra forma de vivir. Respira hondo y permítete estar presente con cualquier sentimiento que surja.

PODEMOS CREER QUE SOMOS NUESTRAS PARTES

Los SFI muestran que cada parte de tu interior tiene su propio conjunto de creencias sobre ti. Estas creencias a menudo provienen de experiencias pasadas, condicionamientos y trastornos emocionales. Cada parte es como un personaje único en tu psique que se aferra con firmeza a su propio conjunto de creencias. Algunas partes pueden albergar creencias positivas y reconocer tus fortalezas, mientras que otras tienen creencias más críticas derivadas de traumas pasados. La percepción de cada parte contribuye a tus creencias fundamentales sobre ti mismo, e influye en tus pensamientos, emociones y comportamientos.

Una vez intenté presentarle este concepto a un amigo que luchaba con una autocrítica intensa y creía que era responsable de cualquier cosa que saliera mal en su mundo. Ésta era una crítica interna demasiado poderosa: su parte crítica era muy abrumadora para él. A pesar de esto, estaba leyendo mis libros y estaba abierto a mi trabajo, lo que indicaba un deseo de sanar y una voluntad de intentar algo nuevo. Así que le sugerí que probáramos el proceso de revisión, y él aceptó. Lo guie para que explorara con curiosidad la parte crítica dentro de él. "He sido así desde que tengo memoria", dijo. Apretó la mandíbula y los puños, como si estuviera en guerra consigo mismo. "Merezco ser castigado", murmuró entre dientes. Me quedó claro que él estaba "fusionado" con esta parte Protectora, se identificaba por completo con ella. No había perspectiva que pudiera tomar además de la de esta parte. Parecía como si sus creencias fundamentales de crítica interna y ataque estuvieran tan arraigadas que le resultaba insoportable considerar cualquier alternativa. En ese momento era claro que su parte crítica interna estaba totalmente en control.

Para ayudarlo, le sugerí que pusiera su mano en su corazón y pasara un minuto respirando y centrándose en esa parte. Esto lo ayudó a calmarse. Reconocí su valentía y acepté que deberíamos respetar su resistencia y regresar a esto en otro momento. Estaba tan profundamente fusionado con las creencias de su crítico interno que era importante no desafiarlo.

En los SFI, cuando alguien está "fusionado" con una parte, cree que *es* la parte y es incapaz de contemplar que exista otra realidad. Cuando una persona está fusionada, sólo experimenta las emociones de la parte. En el ejemplo de mi amigo, él vivía en un mundo donde percibía a los demás que estaban a su alrededor como inocentes o perdonables. Pero cuando se trataba de él, se mantenía como rehén de su propia autocrítica y ataques hacia sí mismo.

Cuando una persona se fusiona con una parte, es común que actúe como si *fuera* esa parte. Por ejemplo, cuando alguien está fusionado con una parte iracunda, podría expresar energía violenta o volverse físicamente agresivo. Después de la experiencia, podría decir algo como: "No sé qué me pasó". En su estado fusionado, actuó desde la perspectiva de la parte enfurecida, encarnando por completo sus impulsos y emociones, sin poder acceder a ninguna conexión con el Ser, como si otra personalidad hubiera tomado el control. Reconocer cuando estamos fusionados con emociones tan intensas puede no ser posible en el momento, o en absoluto. Algunas personas viven todo el tiempo en un estado fusionado, mientras que otras sólo se fusionan con una parte cuando ésta se activa. En el caso de mi amigo, él vivía fusionado con su parte, incapaz de ver otra realidad más allá de esa percepción.

Cuando estamos fusionados, la parte puede tener mucha resistencia a bajar la guardia. Intentar llevar a cabo autoayuda en un estado fusionado, en verdad puede enojar a la parte que está activada. Estas partes han trabajado tan duro y durante tanto tiempo tratando de adormecer tus sentimientos exiliados, que creen que es su única oportunidad de sobrevivir. Nunca han considerado otra forma de ser. Están siempre en alerta máxima, listas para reaccionar cada vez que se activan. O quizá la persona no vive siempre en un estado fusionado, sino que entra y sale del control extremo de esa parte.

Un signo de que estás fusionado con una parte es cuando sientes como si "algo te hubiera poseído". Aunque tal vez no lo reconozcas hasta después de un estallido extremo o un comportamiento destructivo, aun así es valioso observar este estado fusionado después del hecho.

En este momento, tal vez no seas consciente de tus partes para nada, ni siquiera de cuándo podrías estar fusionado con ellas. Todavía te puede resultar difícil contemplar que estas creencias son realmente una forma de protección. Incluso la sugerencia de dirigir tu atención hacia el interior puede activarte. Conforme avanzas en este libro tómate tu tiempo, practica a tu propio ritmo y celebra tu apertura y curiosidad. Honra tus sentimientos actuales y no te apresures. Abraza el viaje de sanación de la forma en que se sienta adecuada para ti. Si encuentras resistencia, permítete el espacio para explorarla con curiosidad; la resistencia en sí misma es una parte Protectora. Recuerda, la sanación comienza simplemente al interactuar con este libro. Confía en tus instintos en tu camino personal hacia el crecimiento y avanza sin presión. Ve a un ritmo que te sientas seguro.

EL SER ES NUESTRA VERDAD INHERENTE

Todos tenemos un Ser. ¿Viviremos en el Ser todo el tiempo? No. Pero cuanto más nutramos nuestras partes con curiosidad y conexión compasiva, más fácil será que el Ser emerja. El Ser siempre está en el fondo, listo para ayudar; sólo necesitamos hacer un espacio para recibirlo.

Cuando experimentamos un cambio sutil en la percepción —en el momento en que elegimos presenciar nuestros patrones destructivos y extremos y las creencias como mecanismos de protección (partes Protectoras)— nos percatamos de un ajuste milagroso en nuestra psique. Este cambio en la percepción abre la puerta para momentos espontáneos del Ser. Pueden surgir de forma natural: momentos fugaces de compasión, coraje, conexión, claridad, creatividad y calma. Podemos vernos diferente, reconociendo que estas partes de nosotros no son malas; sólo han estado sobrecargadas y atrapadas en roles protectores extremos. Incluso el cambio más leve hacia una percepción del Ser puede ser suficiente para encender un cambio interno radical.

El Ser representa nuestro padre/madre interno no dañado, con recursos y maduro. Encarna la energía del amor incondicional, capaz de guiar todas nuestras partes internas hacia la armonía. Como lo planteé en el capítulo 1, el Ser es la esencia divina, el Dios dentro de nosotros o la naturaleza de Buda que nos permite navegar por nuestro mundo interno con sabiduría y compasión. Al conectarnos con el Ser, podemos cultivar una sensación de plenitud y sanación, que nos ayuda a abrazar cada parte de quienes somos sin sentirnos abrumados. Piensa en el Ser como nuestro progenitor interno, la presencia nutritiva que quizá nunca experimentamos en nuestra vida externa. Conectarnos con la esencia interna compasiva del Ser puede disolver las creencias limitantes, basadas en el miedo, que nos han reprimido durante tanto tiempo.

Ahora considera esto: imagina tener un líder interno que se levanta cada vez que te sientes solo, atrapado en la adicción o cuando necesitas orientación. Este líder es un buscador de soluciones, una energía de coraje y valor que habla cuando tú no puedes, una presencia calmada que permanece creativa, compasiva y conectada. Tómate un momento para considerar cómo se sentiría eso.

¿Puedes sentir esperanza u optimismo? ¿Sientes una sensación de posibilidad? ¿O notas una parte cínica que ni siquiera está dispuesta a considerarlo? Honra cualquier sentimiento que surja en ti. Para muchas personas, el concepto del Ser puede ser desalentador, sobre todo si han pasado toda su vida creyendo que estaban solos sin que nadie los cuidara, creyendo que la única forma de sobrevivir era permanecer en su rol protector.

Bueno, la excelente noticia es que no tienes que entender el Ser ni intelectualizarlo. Abrazar la conciencia del Ser no es un ejercicio intelectual; es una experiencia intuitiva que se despliega en tu interior. Así que no hay necesidad de analizarlo en exceso. Sólo permítete seguir mi guía a lo largo del libro. Conforme avances, naturalmente comenzarás a conectar con la sabiduría y la presencia del Ser, y se convertirá en una parte integral de tu viaje hacia la sanación y la transformación. Confía en el proceso y permite que tu conocimiento interior te guíe en esta profunda exploración de autodescubrimiento y crecimiento.

PERMISO PARA HACER LA REVISIÓN

¿Estás abierto a probar el proceso de revisión que presenté en el capítulo anterior? Veamos dónde estás y tomemos una decisión consciente juntos. Tómate un momento para enfocar tu atención hacia tu interior. Pregúntate si existe alguna creencia que te ha estado frenando. ¿Hay un perfeccionista? ¿O un adicto al trabajo? Quizá puedas identificar una parte de ti que busca complacer a los demás, un adicto o un controlador. Dale voz a los pensamientos, sentimientos o emociones que están más presentes en tu vida en este momento: la parte de ti que está presente la mayor parte del tiempo (o todo el tiempo). Escríbelo en tu diario, acéptalo, reconócelo.

Una vez que tengas una idea de una parte que está activa en tu vida, te guiaré para hacer una revisión y ver si tienes permiso para conocer más sobre ella. Puedes acercarte a la parte con una solicitud de permiso para hacer una revisión y explorarla más a fondo. Quizá recibas un SÍ entusiasta. O puedes sentir titubeo o miedo, o sentirte completamente desconectado de cualquier parte y experimentar un bloqueo total. Sin importar cuál sea la reacción que surja dentro de ti, hónrala por completo. Si sientes que estás bloqueado o que la parte no está lista para ser revisada en este momento, está perfectamente bien y es muy frecuente.

No importa dónde estés; te animo a leer el proceso en las páginas siguientes y que observes cómo resuena contigo. Como expliqué en el capítulo 2, una forma efectiva de enseñar es mediante la repetición. Cuanto más se refuerce una práctica o mensaje, es más probable que se mantenga. Por eso, cada capítulo del libro reforzará el proceso de revisión de cuatro pasos. En cada capítulo, profundizaremos en nuevas formas en las que puedes usar este proceso para conectarte con tus partes y acceder al Ser. Cuanto más practiques, más fácil te resultará aplicarlo.

No necesitas apresurarte; tómate tu tiempo. De hecho, si tus partes son en particular resistentes, es mejor permanecer curioso y aprender el método sin aplicarlo de inmediato. No queremos presionar a nuestras partes más allá de lo que pueden manejar en el momento. Recuerda, éste es un proceso gentil y compasivo.

Si eres consciente de una parte Protectora y te sientes cómodo revisándola, entonces demos el primer paso juntos con el proceso de revisión. Confía en tus instintos, respeta tus sentimientos y te recuerdo que estoy aquí a tu lado.

VAMOS A REVISAR

Paso 1. Elige revisar

Este paso inicia con la palabra *elige*. La elección es la palabra operativa porque las partes son a menudo jóvenes, agobiadas y temerosas. Estas partes jóvenes tal vez no tuvieron opción en los momentos en que se sintieron agobiadas, traumatizadas y avergonzadas. Por lo tanto, se sienten abrumadas cuando les pides algo que no quieren hacer. Este proceso debe comenzar con tu aceptación: tu elección consciente de mirar hacia tu interior. Sin tu aceptación, tus partes se activarán más y serán más resistentes. Así que asegúrate siempre de comenzar el proceso apoyándote en el poder que tienes para elegir revisar (o no). A lo mejor descubres que necesitas leer este libro completo antes de sentirte lo bastante seguro como para revisar. Eso está totalmente bien. Sólo presta atención a cómo te sientes, y nunca te obligues a ir más allá del punto donde puedas elegir.

Cuando te sientas más cómodo al elegir mirar hacia tu interior, podrás usar el proceso por tu cuenta, en cualquier momento y lugar. Cada vez que notes que algo se activó o detonó, ésa será tu señal para elegir mirar hacia tu interior. En lugar de ignorar tus grandes sentimientos y emociones, considera que son una guía: una guía interna que te dice que existe una parte joven dentro de ti que necesita apoyo. Al tomar proactivamente la elección de mirar tu interior, haces una pausa, sales del factor detonante y rediriges tu atención hacia dentro. Cuando eliges revisar, detienes tu creencia de que tú *eres* la parte, y en cambio ves los grandes sentimientos y emociones como *parte* de ti.

Tómate un momento ahora para ver cómo te sientes. Recuerda, es tu elección seguir este proceso. ¿Qué se siente adecuado para ti en este momento? ¿Eliges revisar?

Paso 2. Curiosidad

Una vez que tomes la decisión de mirar hacia tu interior, el siguiente paso es explorar con curiosidad quién está dentro. Quizás hayas nombrado la parte, o tal vez hayas identificado sólo un sentimiento que quieres revisar. La curiosidad te ayuda a obtener más información y comenzar a ver los grandes sentimientos, pensamientos o sensaciones como parte de ti *en lugar de quién eres*. La curiosidad es una oferta del Ser y una forma de respeto por la parte que está emergiendo.

Te recomiendo que cierres los ojos y dirijas tu atención hacia tu interior. Si te intimida cerrarlos, o si donde estás no puedes hacerlo, no dudes en mantenerlos abiertos. Además, intenta no analizar mucho el proceso. Tal vez tengas una parte analítica o cínica que intenta entender e intelectualizar lo que estás haciendo. Presta atención a esas partes y pídeles con gentileza que se hagan a un lado, y así dar espacio a las partes que desean hablar. Confía en tu intuición; trata de sólo escuchar sin pensar demasiado en la experiencia. Este proceso intenta sintonizar con tu mundo interior, así que date permiso para estar presente y receptivo.

- Coloca una mano sobre tu corazón y la otra sobre tu vientre para calmar tu sistema nervioso.
- Desacelera tu respiración y dirige tu atención hacia tu interior.
- Observa cualquier sentimiento, pensamiento o sensación en tu interior.
- ¿En qué parte de tu cuerpo están esos sentimientos?
- ¿Tienen un color o una forma? ¿Hay tensión o dolor?
- Observa lo que notas.
- ¿Qué sabes sobre esta parte?
- ¿Tiene una edad o género? ¿Cuánto tiempo ha estado presente?
- ¿Te vienen a la mente imágenes, historias o pensamientos?
- ¿Qué más quiere esta parte que sepas?

En cuanto tengas una percepción de la parte interna, sabrás que es hora de conectarte más de cerca a través del paso 3.

Paso 3. Conéctate compasivamente

Con mayor suavidad, coloca gentilmente tu mano sobre tu corazón e inhala profundo. Continúa respirando en dirección a los sentimientos, pensamientos y sensaciones internas, ofreciéndoles espacio y aceptación.

Respira hondo y exhala. Pregunta a la parte: "¿Qué necesitas?".

Escucha lo que dice. Intenta no cuestionar lo que surge, aunque te sorprenda. Respira la respuesta, honrándola y dándole espacio para ser vista y escuchada; recibe por completo esta petición. Por lo regular, estas partes (niños pequeños) dirán cosas como: *necesito jugar, necesito descansar, necesito bailar.* Permanece presente con lo que surja.

Tus partes pueden responder de formas que te conmuevan profundamente. Al observar la parte con compasión, puedes permitirle expresar lo que necesita: sentirse segura, vista y apoyada. Y tal vez, incluso por un momento, la parte perciba una conexión con la energía compasiva del Ser interior.

Nota: estas creencias protectoras han estado presentes durante tanto tiempo que hemos llegado a depender de ellas, ocultando así la presencia del Ser. No tienes que forzar este proceso; tan sólo dirígete con gentileza a la parte y pregunta qué necesita. Este acto por sí mismo es un profundo compromiso con la parte. Confía en que el proceso de revisión tiene el poder de abrir tu corazón a las cualidades C del Ser. No tienes que hacer nada, sólo sigue los pasos y permite que fluya.

Paso 4. Verificar las cualidades C

Tómate un momento para observar cómo te sientes. ¿Tu corazón está más abierto? ¿Te sientes un poco más tranquilo? ¿Pudiste conectarte con la parte? Busca alguna de las cualidades C del Ser: confianza, calma, creatividad, claridad, curiosidad, coraje, compasión y conexión. Si notaste alguna de estas cualidades C (aunque sea por un instante), sabes que la presencia del Ser se manifestó. La energía del Ser siempre está ahí, y el proceso de revisión hace un espacio para que se manifieste de forma natural.

Si sientes el llamado a pasar más tiempo con la parte, ¡está muy bien! Mantén los ojos cerrados y simplemente respira con ella. Tal vez te sientas inspirado para tomar un cuaderno y escribir con esa parte. Si sientes algún impulso de continuar esta conexión, no lo dudes, tan sólo sigue revisando. Puedes llevarlo a cabo a tu propio ritmo y en tu propio tiempo. Está bien pasar todo el tiempo que desees conectándote con la parte, ya sea mucho o poco.

TÓMATE UN MOMENTO PARA REFLEXIONAR...

¿Cómo te sentiste al mirar hacia tu interior? ¿Te cerraste y dejaste de lado la práctica? ¿Aparecieron partes defensivas o distraídas? ¿Bostezaste o incluso te quedaste dormido? Por ejemplo, cuando empecé a practicar los SFI, noté que cada vez que revisaba una parte vulnerable, por lo regular empezaba a bostezar y a desconectarme. El cansancio instantáneo era otra parte que intervenía: una parte disociativa que intentaba protegerse de exponer mis partes vulnerables. Todo tipo de Protectores aparecerán durante este proceso para anular cualquier sentimiento de vulnerabilidad o emociones exiliadas. Después de todo, por eso se les llama Protectores.

Conforme practiques este método a lo largo del libro, sé consciente de todas las partes que surgen. Puedes comenzar el proceso enfocándote en una parte, sólo para notar que otro Protector interviene para detener cualquier oleada de sentimientos. Continúa explorando con curiosidad cada parte a medida que surja. Si otra parte sobrepasa a la que estabas revisando, está bien cambiar tu enfoque al nuevo Protector que está al frente.

Si lograste establecer una conexión con una parte, reflexiona en tu diario sobre cómo te sentiste hacia ella. ¿Sentiste un corazón abierto o cerrado? De nuevo, no existen respuestas correctas o incorrectas.

¿Cómo te sentiste con respecto a esa parte?

Si lograste experimentar una conexión abierta con la parte, incluso por un instante, ¿cómo se sintió? Quizá te sentiste abierto, o percibiste una sensación de hormigueo en tu cuerpo, o tal vez te sentiste seguro por un segundo. ¿Notaste alguna de las cualidades C del Ser? ¿Compasión, curiosidad, conexión, compromiso, creatividad, claridad, calma o confianza?

Si escribiste algo en tu diario, tómate un momento para reflexionar al respecto. Date un espacio para observar la parte que surgió; examina cualquier resistencia o apertura. Ten compasión contigo mismo en este proceso. Enfocar tu atención hacia una parte puede traer muchos sentimientos, o incluso una gran resistencia. Cuando comencé este trabajo, me resistí tanto a esta indagación interna que me disociaba, me desconectaba y a veces hasta me quedaba dormida. Puede tomar tiempo establecer incluso la conexión más leve con una parte de ti.

La intención es ayudarte a abrirte a la idea de que tienes muchas partes en tu interior, conectar sutilmente con esas partes y notar si hay alguna energía del Ser disponible. Considera esta indagación de cuatro pasos como andar en bicicleta con ruedas de entrenamiento. No tienes que saber cómo montar una bicicleta; sólo súbete y confía en que las ruedas de entrenamiento te sostendrán.

Éste es un modo completamente nuevo de experimentarte a ti mismo. Como cualquier hábito nuevo, puede tardar un tiempo para que se arraigue. Pero una vez que lo dominas, se convierte en una especie de memoria muscular. La repetición de este nuevo comportamiento te ofrecerá una conexión espiritual y también nuevos patrones en tu cerebro. Serás liberado de los bucles neuronales de lucha, huida y parálisis. Establecerás una nueva base de seguridad y una sensación interna de paz, y sabrás que existen soluciones y que la paz te espera dentro.

Éste es un trabajo importante, mi amigo o amiga. Quiero tomar un momento para honrarte por tener el coraje de mirar hacia tu interior. Al crear algo de espacio para mirar hacia dentro, ya has cambiado sutilmente tu perspectiva sobre ti mismo, aunque haya sido sólo por un momento fugaz. Cuando le prestas atención a las partes, te abres a posibilidades creativas para la conexión. Cuanto más a menudo practiques estos pasos, más encuentros tendrás con el Ser. Y aquí está lo más maravilloso: el Ser crea más Ser. Conforme accedes a la energía del Ser, ésta se multiplica, porque deseas más de ella. Esa energía del Ser tiene el poder de reescribir tus creencias fundamentales y devolverte a la alineación con quien realmente eres.

EL CUIDADO QUE SIEMPRE HEMOS ANHELADO

A lo largo de los años, nuestras partes han soportado las cargas de nuestro pasado y asumido roles que las han abrumado. No son malas, sólo están agobiadas por el miedo. Al igual que niños inocentes, merecen nuestro amor, cuidado y reconocimiento. Cuando visualizamos estas partes como inocentes y vulnerables, vemos con mayor claridad cuánto necesitan y merecen nuestra atención en realidad.

Cuando pienso sobre mi conexión con mi hijo de seis años, Oliver (mi mayor maestro), puedo ver cómo cada día surgen nuevas partes en él. Entiendo que no puedo controlar sus experiencias de vida ni cómo reaccionan sus partes a ellas, pero puedo estar allí para él en los momentos en que sus partes necesiten apoyo; puedo crear un espacio seguro para él. A sus partes les ofrezco mi curiosidad, mi completa atención y amor incondicional. Escucho con atención su mundo interior, brindando una oportunidad para que sus partes liberen las cargas que llevan. Al hacerlo, le ofrezco la guía de mi energía del Ser, mientras Oliver recorre su propio camino de autodescubrimiento y sanación.

Por desgracia, la realidad es que la mayoría no tuvimos padres que fueran autores de libros de autoayuda con una práctica dedicada al crecimiento personal. La mayoría de las personas viven sin ningún conocimiento de sus propias partes internas, y mucho menos comprenden las de sus hijos. La educación y crianza de la mayoría de los niños no prioriza, ni siquiera incluye, este tipo de conciencia sobre nuestro mundo interior. Sin embargo, al abrazar el concepto de SFI, tenemos la oportunidad de darnos a nosotros mismos y a nuestros hijos un regalo profundo: un camino hacia la resiliencia y la autosuficiencia.

Aquí es donde interviene el proceso de revisión. Ésta es tu oportunidad de desarrollar tu propia conexión con la familia interna de niños que habitan dentro de ti y con tu progenitor interno: el Ser. Cuanto más fortalezcas tu conexión con el Ser, más fácil te resultará cuidar y apoyar a los niños pequeños que están dentro de ti. Estas partes jóvenes han estado agobiadas y han sido obligadas a adoptar roles y creencias extremas. Necesitan nuestra devoción y compromiso cotidianos para dejar espacio al Ser para que ayude. Aunque no sean tan maleables como mi hijo de seis años, son absolutamente capaces de volver a procesar su pasado con el apoyo de una conexión abierta de corazón con el Ser. Cada vez que revisas una parte, le brindas la oportunidad de calmarse, ser vista y permites que el Ser ayude.

No tienes que creerme sólo a mí. Los estudios muestran que el trabajo de los SFI puede ayudar a sanar incluso traumas profundos del pasado[1] y que conectar con el Ser en el presente puede crear una sensación de bienestar y satisfacción en cada área de nuestra vida.[2] Hay un creciente número de investigaciones revisadas por pares, destinadas a demostrar la efectividad de los SFI para tratar una amplia gama de problemas, desde la depresión[3] y el trastorno de estrés postraumático[4] hasta conflictos interpersonales[5] y condiciones físicas como la artritis reumatoide[6] y la migraña.[7] Y cada día, los investigadores llegan a una comprensión más completa del poder que tiene para sanar.

La liberación de las cargas del pasado no llega de la noche a la mañana. Pero cada vez que reconoces una parte dentro de ti y le brindas curiosidad, compasión y conexión, le das la oportunidad de experimentar un cambio radical que afecta cada parte de quien eres. Incluso aceptar que es posible que estas partes experimenten la energía del Ser de conexión y compasión, es suficiente para cambiarte. ¿Por qué? Porque este proceso te recuerda que la seguridad que has anhelado siempre ha estado contigo. Gran parte de nuestro sufrimiento proviene del hecho de que nos dejaron solos para lidiar con eso. Sin un progenitor o cuidador que nos apoyara, nos sentimos agobiados, abrumados y paralizados. Cuando te reconectas con la energía del Ser, desarrollas la presencia intuitiva de calma y seguridad que siempre buscaste en el exterior.

EL SER ESTÁ EN CADA PASO

El proceso de revisión es una herramienta de autoayuda basada en SFI; es un procedimiento que observará tus partes y experimentará destellos del Ser. Las cualidades C del Ser están en cada paso del proceso de revisión. Creé este proceso con la perspectiva de que si nos inclinamos hacia las cualidades C como la claridad, la curiosidad, la compasión y la conexión, abrimos de manera intuitiva la puerta para que el Ser se instale. Nuestros Protectores no contemplan el hecho de que tenemos la opción de revisarnos, no son curiosos por sí mismos y es improbable que establezcan una conexión compasiva contigo.

Así que permite que los pasos hagan el trabajo. Elimina toda la presión. Cuanto más te entregues al proceso, más espacio despejarás para que se revele. La energía del Ser surgirá en los momentos más sorprendentes. Tal vez cuando estés revisando una parte, o quizás horas después en tu diario. Comenzarás a sentir momentos espontáneos de calma o un estallido de energía creativa que te atraviesa. Presta atención a esos momentos; son pequeños regalos del Universo. Permite que se acumulen. Esa conexión ya se ha encendido, y cada destello del Ser activa un cambio en lo que crees sobre ti mismo.

Todo lo que necesitas es el coraje para comenzar el proceso de revisión. Luego, en cada paso, las acciones guiadas por el Ser serán tu brújula de regreso al Ser. Con el más mínimo sentido del Ser, una parte puede sentirse calmada y más conectada. Incluso una molécula de energía del Ser puede multiplicarse, y cuanto más te revises, más se revelará el Ser.

CAPÍTULO 4

Exprésalo

Las 8:30 a.m. es mi hora mágica. Es cuando mi hijo se va a la escuela y estoy en mi escritorio, emocionada por comenzar el día. Me gusta escribir o hacer trabajo creativo a esta hora. Por desgracia, este tiempo creativo puede interrumpirse con facilidad con un vistazo a un correo electrónico o una alerta en mi teléfono; puedo quedar atrapada en el torbellino de mis tareas pendientes y perder la conexión con mi flujo creativo.

En una ocasión en particular, esta distracción realmente activó una parte de mí. En cuanto me senté en mi escritorio, apareció en mi teléfono una notificación de correo electrónico del trabajo, y de inmediato captó mi atención y desvió mi concentración. Este correo electrónico, particularmente problemático, informaba sobre una situación mal manejada en el trabajo que me frustró. En respuesta, mi "controladora" interna salió adelante y desató una ráfaga de respuestas, determinada a recuperar el control de la situación. "¡Necesito que todos se esfuercen y se organicen!", repetí, tanto internamente como en voz alta, enloquecida por la ira y la frustración. Poco después, apareció otra parte: la crítica. Comencé a castigarme por perder la compostura. Pensé: "No puedes dirigir tu negocio comportándote como una niña de diez años". Esta lucha interna iba y venía entre dos partes: la controladora y la jueza autocrítica, dejándome abrumada y rebasada por el conflicto interno.

Después de unos minutos de obsesionarme, controlar y juzgar, al fin tuve suficiente conciencia para elegir revisar estas partes. Dirigí mi atención hacia mi interior y observé mis sensaciones físicas: mi mandíbula apretada, la tensión en mi rostro, un nudo en el estómago. Sentí una corriente de energía debajo de la superficie, una combinación de enojo y tristeza. Me revisé más al preguntar a la parte: "¿Qué edad tienes?".

"Soy joven y estoy enloqueciendo. Nadie me ayudará. Tengo que hacerlo todo por mi cuenta."

Pude sentir el miedo de esta parte, su tristeza, el sufrimiento enterrado debajo del control. "¿Qué te haría sentir segura ahora mismo?", le pregunté.

"Puedes escuchar", respondió.

Esta parte tenía un mensaje claro: quería espacio para hablar y ser escuchada. Así que abrí mi diario y permití que escribiera con libertad en la página. En mi experiencia, cuando las partes escriben libremente, se sienten seguras y revelan más sobre sí mismas. Mientras ponía la punta de mi bolígrafo sobre el papel, una voz interior suave susurró: "Es seguro sacarlo". Con permiso para escribir con libertad, la parte *realmente* llegó allí, liberando todas sus preocupaciones, enojo, ira, frustración y miedo. Conforme continuaba escribiendo, noté que mi cuerpo se relajó, mi respiración se suavizó y mi mandíbula se destensó. Un sentido de calma me invadió. En este estado de calma, la presencia del Ser apareció cuando un hermoso lenguaje compasivo se vertió en la página. El Ser estaba allí para ayudar.

La controladora escribió: *Tengo miedo de soltar. Es muy aterrador confiar en alguien.*

La energía del Ser fluía a través de mí mientras respondía: *Ahora te ven y te escuchan.*

Respiré hondo y recibí este mensaje, y permití que el Ser le asegurara a la parte activada que estaba a salvo, que podía soltar.

LA CONFIANZA NO ES FÁCIL PARA MÍ

En este punto de mi crecimiento personal y recuperación, sé mucho sobre las partes exiliadas de mí y por qué mis otros Protectores trabajan tanto para salvaguardarlas. La controladora tiene la idea abrumadora de que está sola y es responsable de resolver todo. Sé por qué necesita estar en control y por qué se siente tan insegura de soltar. Al otorgarle a esta parte la libertad de pausar y expresar sus necesidades, le permití sentirse reconocida y comprendida. Abrió el camino para que el Ser emergiera, recordándome que no estoy sola en este viaje.

Escribir libremente con mis partes les permite bajar la guardia, y eso crea el espacio para que emerja la energía del Ser. Esta práctica de escritura consolida mi creencia de que el Ser siempre está dentro, listo para brillar. A su vez, esto me permite experimentar una mayor tranquilidad en el trabajo y guiar mi empresa con énfasis en la conexión y no en el control. Conforme invito al Ser, cultivo una sensación de confianza en que puedo soltarme y confiar en que estoy a salvo, incluso cuando las cosas en el trabajo parecen estar fuera de control.

Crear un espacio para que el Protector escriba le permitió suavizarse. El diario fue un espacio seguro y contenido para que hiciera un berrinche emocional y expresara con libertad las emociones reprimidas. Esta liberación catártica en la página le ofreció alivio a la parte protectora. Pude liberar lo que estaba tratando de contener con tanta dificultad, y pude hacerlo de una manera saludable, en lugar de proyectar más enojo hacia mis empleados.

Mi diario me ha dado la libertad de soltarlo todo y decirlo todo: las cosas vergonzosas, las que me arrepentiría de decir en voz alta y los miedos exiliados que nunca podría revelar. Escribir en un diario me da un lugar seguro para que las partes avancen y me brinda formas creativas de honrar y respetar sus necesidades. Cuando escribo en un diario con una parte Protectora, puedo darle espacio para que respire y se calme. En ese estado de tranquilidad y claridad, la energía del Ser se vuelve más disponible.

En retrospectiva, reconozco que los cientos de diarios que he escrito a lo largo de los años fueron un intento de ser vista y escuchada. Poco sabía yo que el Ser siempre estaba allí para ver cada parte de mí. Dentro de estos diarios puedo revisitar todas las diferentes partes que surgieron. La parte codependiente, escribiendo febrilmente sobre su miedo a estar sola, aferrándose a su último novio para sentirse segura. La parte triunfadora que escribía páginas sobre todo lo que quería manifestar y lograr. La parte adicta a la cocaína que llenó innumerables páginas con terror hasta que por fin dejó las drogas. Montones y montones de diarios contienen el sufrimiento, las historias y el miedo extremo de mis Protectores. Ahora veo cómo mis Protectores dependían de esos diarios para obtener un alivio momentáneo del ruido perpetuo y las cargas en las que estaban atrapados.

Existe otro patrón interesante en mis entradas de los diarios. Hacia el final de cada entrada, escribía con un ligero tono de compasión y creatividad. A través de la niebla de la crítica interna, siempre había un destello de luz. Por lo regular, el lenguaje cambiaba de una actitud de ataque, miedo, juicio y enojo a una voz diferente: un lenguaje de amor. *Deja entrar el amor*, escribía una y otra vez. *Deja entrar el amor*. Incluso hoy, este mensaje nunca deja de aparecer en la página. El mensaje revela la respuesta que estoy buscando. Porque cuando *dejo entrar el amor*, puedo volver a mi conexión con el Ser.

Ahora es tu oportunidad de dejar salir todo para que entre el amor. Es tu oportunidad de cambiar la forma en que te ves a ti mismo, tus patrones y tu pasado, para mirarte a través de la lente del amor y no del miedo. Desde una perspectiva espiritual, el cambio de percepción del miedo al amor es un milagro. Desde una perspectiva de SFI, cuando un Protector se relaja, la energía del Ser se expande.

En ausencia de nuestras partes Protectoras, todo lo que queda es amor. Cuando sumamos estos cambios milagrosos momentáneos en el Ser, toda nuestra vida se transforma. Podemos establecer una conexión interna profunda con cada parte de quienes somos, liberar nuestro apego a esas partes y cultivar una conciencia interna de un amor que siempre está presente. Cuanto más se acumulen estos momentos del Ser, más Ser experimentaremos. Con energía tranquila, expansión interna y un corazón abierto, en realidad podemos apreciar cada momento de la vida.

AL PRINCIPIO PUEDE SER DIFÍCIL CONFIAR EN EL SER

Aunque sé en mi corazón que la energía amorosa del Ser tiene el poder de sanar (y quiero gritarlo a los cuatro vientos), también quiero honrar el hecho de que puede ser aterrador centrar la atención en lo que está oculto en el interior, tan aterrador que hacemos lo que sea necesario para protegernos de él. El texto metafísico *Un curso de milagros* dice: "Sólo lo oculto puede aterrorizar, no por lo que es, sino por su ocultamiento". No podemos sanar lo que ocultamos; debemos llevar luz a las sombras de nuestro pasado para que la sanación pueda ocurrir.

Vivimos en un estado constante de desequilibrio, miedo y terror inconsciente (o consciente) de enfrentar lo que está oculto en nuestro interior. Nos han entrenado para proyectar nuestros sentimientos internos hacia el exterior y buscamos calmar nuestra agitación interna con condiciones externas. Vivir así es complicado, caótico y extremo, pero cuando dejamos entrar el amor podemos desarrollar la confianza de que hay una manera más amable y suave de vivir.

Tener curiosidad por lo que está oculto en nuestro interior no se da de forma natural; por ejemplo, un encuentro reciente que tuve con una joven de quien tuve el privilegio de ser mentora. Quedamos de vernos en una cafetería cercana para actualizarnos sobre nuestras vidas. Casi de inmediato comenzó a desahogarse, expresando los desafíos continuos que tenía en el trabajo. Aunque disfrutaba de éste, confesó que luchaba contra la ansiedad cada vez que no alcanzaba la perfección. "A veces me pregunto si debería conseguir otro trabajo, o hasta cambiar de carrera por completo", dijo frustrada.

Le di una patada en el trasero al estilo de Gabby, y le dije: "Cariño, recuerda que *tú* vas contigo adondequiera que vayas".

Continué sugiriendo que las respuestas que buscaba vendrían de una indagación interna, no de un cambio externo. Mientras decía esto, noté que su cuerpo se tensaba y perdía contacto visual conmigo. La idea de mirar hacia su interior no era lo que ella esperaba; me di cuenta de que estaba decepcionada porque no le di un consejo práctico claro o un método para conseguir un nuevo trabajo. Quería una solución rápida.

La mayoría de las personas buscan una solución rápida, una solución externa para un problema interno. Mirar hacia tu interior para encontrar respuestas puede ser confuso y, con frecuencia, aterrador. ¿Por qué es tan aterrador mirar hacia dentro? Hemos vivido toda la vida protegiéndonos contra las creencias, sensaciones, sentimientos y emociones de nuestra infancia. Era demasiado insoportable enfrentar el dolor, así que lo reprimimos. Sin embargo, la verdad es que sentimos ese dolor todos los días. Recuerda, existen sentimientos jóvenes exiliados que se activan y muchas otras partes Protectoras que trabajan sin cesar para mantenerlos escondidos. En cualquier momento, nuestras partes exiliadas (ocultas) pueden activarse o detonarse; la más mínima cosa puede activar a un Exiliado. Luego, cuando se activa el Exiliado, los Protectores se abalanzan para encerrarlo de nuevo en su escondite. Los Protectores harán lo que sea necesario para ocultar los aterradores sentimientos de incompetencia, trauma, miedo y falta de seguridad del exiliado. Por lo tanto, incluso contemplar la posibilidad de dirigir tu atención tu interior puede hacer que estas partes infantiles se asusten y se atrincheren más en su rol extremo de protección.

Cuando arrojas luz a los miedos de los Protectores, ellos pueden trabajar más duro para mantenerlos en la oscuridad. Los Protectores no quieren bajar la guardia; su trabajo es gestionar nuestros sentimientos y bloquear cualquier recuerdo, sensación o pensamiento doloroso de nuestro pasado. Las partes Protectoras están aterrorizadas de ser vistas en su totalidad, por lo que se mantienen comprometidas con sus roles, haciendo lo que sea necesario para mantener ocultos a los Exiliados.

En realidad, lo que más necesitan los Protectores es ser vistos. Estas partes jóvenes de nosotros necesitan compasión, conexión y una presencia tranquila que los apoye. Pero con frecuencia puede ser aterrador darles aunque sea la más mínima atención. Por lo tanto, una solución rápida o externa suele ser mucho más atractiva que una introspección profunda.

Ésta es la dura verdad: las soluciones externas al sufrimiento interno nunca funcionarán. Puedes elegir terminar una relación con un novio emocionalmente inaccesible, con la esperanza de encontrar a alguien diferente, sólo para descubrir que atraes a una pareja similar en una forma física distinta. O, como mi aprendiz, puedes renunciar a tu trabajo porque te estresa, sólo para terminar en el mismo tipo de ambiente laboral una y otra vez. No podemos llevar a cabo cambios duraderos en nuestra experiencia interna a través de ajustes externos. Las soluciones están dentro.

Conforme das este siguiente paso para conocer más a tus Protectores, tómate un momento para preguntarte si tienes algún miedo o preocupación sobre conocer más a tus partes.

¿Sientes que te resistes o estás asustado? ¿Temes mirar hacia dentro?

Observa lo que sientes y no juzgues tu respuesta. Si sientes que no es seguro mirar más de cerca a tus partes, entonces date permiso para omitir este ejercicio y tan sólo seguir leyendo el proceso. A lo largo del libro, para que te tranquilices, te recordaré que no *debes* revisar tus partes. Sólo haz tu mejor esfuerzo para mantenerte abierto y el Ser se encargará del resto. Confía en que el Ser está contigo a lo largo de este viaje y a lo largo de tu vida. Incluso mientras lees este capítulo, podrías notar que algunas cualidades C se manifiestan. Por ejemplo, quizá te dé más curiosidad el proceso, o tal vez sientas compasión hacia ti mismo. Tómalo con calma y sigue el camino que mejor te parezca. Si te sientes seguro de continuar este proceso, demos el siguiente paso para conocer un poco más a tus partes.

RECONOCER DE FORMA SEGURA A TUS PROTECTORES

Al reconocer que las partes pueden resistirse a realizar este trabajo, quiero compartir contigo una forma segura para comenzar a conectar a través de la escritura libre en un diario. Pienso en las innumerables entradas de diario que escribí desde mi adolescencia hasta el presente. Sin siquiera darme cuenta, recurría a mi diario como un modo de liberar pensamientos o emociones extremas en la página, y creé así un espacio seguro para que las partes se calmaran. Siempre que me sentía abrumada por una relación, o provocada por una amiga, o tentada a consumir drogas, recurría a mi diario para desahogar todo en la página. Cada entrada me ofrecía una sensación de calma que me anclaba a mí misma. Después de escribir, sentía una sensación de amplitud en mi cuerpo y alivio mental. En retrospectiva, ahora veo cómo mi práctica de escribir en el diario era un puente de regreso al Ser.

Cuando la parte puede soltarse con libertad, se establece una sensación de calma del Ser, lo que le da a todo tu sistema nervioso una sensación de paz. Tu mente se calma y tu energía se alinea con el Ser. Si alguna vez has escrito en un diario, tal vez hayas sentido alivio a través del proceso. Quizás hayas notado que después de una larga práctica de escribir en el diario te sientes con más recursos y claridad. Al dejar salir lo que has estado reteniendo en tu interior, despejas espacio para tomar resoluciones espontáneas. Cuando escribes en un diario, le das permiso a la parte para que diga la verdad con libertad. Esa verdad te permite ser testigo de la parte que está escrita en la página en lugar de mantenerla atrapada en tu interior.

Cuando a las partes se les da un espacio seguro para hablar libremente, revelan mucho de lo que les ha estado agobiando. Esto lo comparo en mis conversaciones nocturnas con mi hijo de seis años. Cada noche antes de que Ollie se duerma, me acurruco con él en su cama. En cuanto comienza a relajarse y acomodarse, empieza a compartir muchos de los grandes sentimientos y emociones que ha acumulado durante el día. Me habla del niño en clase que no fue amable con él o de que se quejó conmigo en la cena. Estos momentos seguros y tranquilos son su tiempo para dejar salir todo lo que ha estado gestionando internamente. Nunca trato de pasar por alto o bloquear sus grandes sentimientos; en lugar de eso, sólo doy espacio, y lo escucho, dándole la seguridad de que es escuchado. Darle un espacio seguro para que hable de sus emociones es una práctica profunda para permitir que sus partes se sientan vistas. En esos momentos necesita validación y apoyo. Es profundo presenciar lo receptivo que es al hablar de su verdad en presencia de mi energía del Ser.

Muchos no nos sentimos lo bastante seguros como para hablar sobre nuestros sentimientos cuando éramos niños. O bien, cuando lo hacíamos eran reprimidos por nuestros padres diciendo cosas como "Estás bien" o "Supéralo". Como nuestras emociones y experiencias infantiles no tuvieron espacio para ser procesadas y sentirse vistas, acumulamos muchas partes Protectoras para manejarlas. Como resultado de nuestra historia, las partes han sido condicionadas para no confiar en el Ser. Han desarrollado una forma de estar en el mundo en la que el control extremo parece ser la única opción segura. Por lo tanto, tal vez sientas que es abrumador o incluso imposible permitirles bajar la guardia y expresarse. Así que ten cuidado de ir despacio y mantenerte curioso. Participar en la práctica de escribir en un diario con tus partes implica crear un espacio para que sean reconocidas y escuchadas, permitiendo que se liberen emociones reprimidas. A través de este proceso, tus partes encuentran la oportunidad de expresar libremente sus emociones, acompañadas del apoyo que necesitan cuando el Ser emerge.

DEJA SALIR PARA EXPERIMENTAR EL SER

Sin importar si has escrito un diario antes o no, voy a guiarte para que empieces uno con el fin de dar espacio y conectarte con una parte Protectora. Por medio de esta práctica, despejarás espacio para que la parte pueda liberar de manera segura lo que ha estado atrapado en tu interior. Después de un tiempo de escribir en el diario, podrías experimentar una sensación de amplitud dentro de ti u observar que emergen algunas cualidades C. O tal vez no. Las partes Protectoras han estado presentes durante mucho tiempo y hacen lo que sea necesario para mantener su control sobre tus sentimientos y emociones, así que quizá no puedas presenciarlas de inmediato. No importa cuál sea el resultado, el proceso tendrá un impacto. Al ofrecerles a tus partes un lugar seguro para expresarse, les estás dando un mensaje interno de que es seguro hablar.

Si escribir en un diario es nuevo para ti, tan sólo piénsalo como escribir con libertad tus respuestas a las indicaciones que ofrezco. Puedes escribir sin un objetivo o propósito; sólo deja salir lo que has estado reteniendo. Cuando escribes libremente en un diario sin editar, haces un espacio para que se revelen partes de ti.

Mi intención para esta práctica es que una o más partes salgan de manera segura, hablen de su verdad y liberen lo que ha estado reprimido. Tal vez sientas algo de alivio cuando termines. Ese alivio es una señal de que has dejado que la parte salga a la luz y has despejado espacio para que el Ser emerja.

En esta práctica de escribir en el diario, primero te guiaré para que te conectes y explores con curiosidad las partes que están más presentes en el momento. Una vez que establezcas un poco de conexión, te guiaré para que escribas libremente durante cinco minutos (o más) para dejar salir lo que necesita ser revelado. Si escribir con una parte Protectora te parece un poco raro o abrumador —después de todo, apenas estamos en el capítulo 4— entonces considera esto como una práctica para escribir sólo sobre tus sentimientos. Incluso si consideras únicamente esta práctica como dedicar tiempo para escribir en un diario sobre tus sentimientos, emociones o sensaciones, es probable que notes alivio. Cualquier tipo de escritura libre en un diario te ayuda a dejar salir las voces de los críticos internos que han estado reprimidas en tu interior.

Otro posible resultado de esta práctica es que establezcas una conexión entre el Ser y la parte. La práctica de escritura libre está confeccionada para ayudarte a soltar, rendirte y, con suerte, experimentar alivio. En ausencia de resistencia, se revela el Ser. Por lo tanto, cuando dejas salir emociones y pensamientos en la página de una manera segura y contenida, es posible que notes que la energía del Ser surge de forma natural. Quizá te sientas más tranquilo después, o tengas más claridad sobre tus sentimientos. Aquí no hay presión ni expectativas sobre el resultado. Sólo sigue mi guía y observa quién sale a la luz. Permanece presente para tus partes y permite que te muestren lo que necesitan.

ESCRIBE EN TU DIARIO CON TUS PARTES

Dedica un lapso ininterrumpido de 15 minutos para esta práctica, y permítete la flexibilidad de continuar por más tiempo si es necesario. Comienza sacando tu diario y un bolígrafo. Si tienes acceso a la membresía de *coaching* de Gabby, puedes llevar a cabo este ejercicio dentro de la sección de Autoayuda de la aplicación.

El objetivo de este ejercicio es liberar cualquier pensamiento o emoción reprimida. Antes de comenzar, tómate un momento para reconocer si tienes alguna aprensión o preocupación acerca de escribir un diario con una parte específica. Esto representa una oportunidad para expresar lo que hoy resuena dentro de ti. Si todavía no te sientes listo para escribir desde la perspectiva de diferentes partes, puedes escribir en el diario sobre las emociones que sientes en este momento.

Enfócate en este proceso como un viaje de exploración y esfuérzate por apegarte al cronograma que sugiero a continuación:

- Reserva 15 minutos.
- Sigue mis indicaciones para escribir en el diario durante dos a cinco minutos.
- Luego escribe libremente durante cinco a siete minutos adicionales o más.
- Deja cinco minutos al final para procesar.

Encuentra una posición cómoda sentado ante una mesa, en un sofá o en el suelo. Asegúrate de estar físicamente relajado. A menudo realizo esta práctica sentada en el sofá arropada por una manta acogedora. Puedes seguir estas indicaciones en tu diario.

Para escuchar el audio guiado de esta práctica, en inglés, visita DearGabby.com/SelfHelpResources.

TODAS LAS PARTES SON BIENVENIDAS A ESCRIBIR EN EL DIARIO

Con frecuencia Dick Schwartz dice: "Todas las partes son bienvenidas". Esta declaración está llena de una energía de compasión e inclusión, y les ofrece a las partes la libertad de salir adelante. En este ejercicio, que se basa en una práctica que Dick creó, tendrás la oportunidad de enfocar tu atención en tus partes de Gerentes y darles permiso para expresarse con el fin de que conozcas más sobre ellas y obtengas información y comprensión sobre por qué se han aferrado con tanta fuerza a sus roles protectores.

Ten tu diario y un bolígrafo contigo antes de iniciar la práctica.

1. Enfoca tu atención hacia tu interior y di esta declaración para ti mismo o en voz alta: "No estoy aquí para cambiarte. Sólo quiero conocerte".
2. A continuación, di esta declaración en voz alta o para ti mismo: "Si esta práctica me abruma, me tomaré un descanso o volveré a ella en otro momento".
3. A continuación, invita a las partes a presentarse a través de tu escritura: "Invito a cualquier Gerente a escribir conmigo en el diario y a dejarme saber lo que quiera revelar con total seguridad".
4. Plantea la siguiente pregunta: "¿Qué quieres que yo sepa?". Luego, abre tu diario y escribe libremente con tus partes. Deja que todas las partes salgan mientras escribes y toma nota de los pensamientos, emociones y sensaciones que percibas, pienses o experimentes.

REFLEXIONA

Cuando te sientas completo, tómate un tiempo para reflexionar sobre lo que quedó plasmado en la página. Lee con detenimiento lo que has escrito, y permítete ser un testigo amable de las partes que se expresaron. Presta atención a cualquier cambio notable en tu lenguaje o un cambio en la energía detrás de tus palabras: identifica cualquier frase, palabra, pensamiento o temas recurrentes que hayan captado tu atención. Subraya o resalta estos aspectos significativos que te parezcan relevantes.

Aquí hay algunas preguntas sobre las que podrías reflexionar

- ¿Estuvieron presentes una o más partes en el proceso de escritura?
- ¿Qué partes surgieron? Si te sientes cómodo, tómate un momento para nombrar la parte o las partes. Tal vez notaste una parte crítica o una ansiosa. (Me gusta nombrar mis partes porque al verlas como individuos únicos dentro de mí me ayuda a desvincularme de ellas. Las veo como parte de mí en lugar de *como* yo.)
- ¿Te sorprendió algo?
- ¿Cómo te sientes hacia la parte o las partes que surgieron?
- ¿Cómo se sintieron la parte o las partes hacia ti?
- Busca las cualidades C. ¿Notaste palabras o sentimientos como compasión, coraje o curiosidad, o sentiste una sensación de calma, creatividad o confianza? ¿En algún momento te sorprendió una claridad recién descubierta que se reveló? ¿Sentiste una conexión? Toma nota de qué cualidades C emergieron. Incluso si no notaste ninguna cualidad C, confía en mí, la energía del Ser siempre ha estado dentro de ti.

Cuando reflexiono sobre lo que he escrito en estas prácticas, por lo regular es así: comienzo con mucha rabia, frustración, tristeza: grandes emociones, pensamientos y sensaciones. Conforme profundizo, noto un cambio gradual en el tono de mis palabras, pasando de la agresión a una mentalidad más abierta y curiosa. Para mi sorpresa, cuando mis preguntas están impulsadas por la curiosidad, con frecuencia descubro recuerdos ocultos, narrativas o incluso imágenes vívidas que antes estaban reprimidas. Esta revelación puede ser muy iluminadora.

Cuando paso a la fase de conexión, a veces experimento una sensación espontánea de alivio mientras escribo. Es como si mi corazón se abriera y yo me rindiera ante las páginas que tengo frente a mí. Puedo sentir físicamente cómo el alivio me invade, creando una expansión profunda en mi corazón. En respuesta, respiro con mayor profundidad, y la tensión en mi rostro se alivia, permitiendo que se instale un estado de relajación.

¿Se desarrollará este proceso sin problemas para ti desde el principio? Lo más probable es que no, y eso es muy normal. Puedes encontrarte con Protectores en conflicto que se manifiestan en tu escritura con resistencia o a la defensiva. Al inicio, incluso podría ser difícil para ti establecer una conexión y cultivar la curiosidad. Es importante reconocer que, sin importar lo que surja en la página, el objetivo principal es dar espacio para que la parte se exprese. Si al final del proceso lo que está en la página aparece como un largo desahogo de ira, frustración o cualquier otra forma protectora, eso también es genial. El objetivo aquí es permitir que todo se exprese sin restricciones. Cuanto más ofrezcas a cada parte la libertad de escribir, más fácilmente surgirá el Ser.

CUANDO LAS PARTES SIENTEN QUE LA ENERGÍA DEL SER SE MANIFIESTA

Cuando me tomo el tiempo para reflexionar sobre lo que he escrito, tengo una nueva lente a través de la cual me veo a mí misma y a la parte Protectora. En lugar de juzgar al Protector, puedo verlo con compasión. En lugar de permitir que el Protector se vuelva más extremo, he creado espacio para que sea visto y respetado, y así ayudo a que la parte se calme. Cuando la parte Protectora se tranquiliza, puedo experimentar momentos espontáneos del Ser.

Cuando las partes Protectoras se conectan con el Ser comienza una nueva relación. Necesitas conocer a alguien para construir confianza. Las partes Protectoras tienen muchas dificultades para confiar. Con frecuencia se han sentido solas, abusadas, atacadas, ignoradas y agobiadas por las personas que debían cuidarlas. Por lo tanto, confiar en las sensaciones internas de coraje y compasión puede resultar muy difícil al inicio. Así que sé compasivo contigo mismo en este proceso, y ten la certeza de que al permitir que tu Protector escriba todos sus sentimientos, emociones y necesidades, estás abriendo la puerta para dejar entrar al Ser. Libera cualquier presión. Tan sólo permanecer abierto y dispuesto a participar en este proceso le envía el mensaje profundo a todos tus Protectores de que es seguro buscar apoyo. El Ser siempre está presente dentro de ti; sólo necesita la libertad para ser experimentado y expresado.

EL SER PUEDE SENTIRSE INALCANZABLE

Es muy posible que incluso después de este ejercicio, la energía del Ser se sienta lejana. Es factible que cuando enfoques tu atención hacia una parte interna, otros Protectores se activen. Puede tomar tiempo para que las partes Protectoras bajen la guardia. Estas partes de ti han estado trabajando horas extra durante la mayor parte de tu vida. A veces, cuando les preguntas cuánto tiempo han estado ahí, dicen: "Desde siempre". Piensa en los Protectores como un patrón de comportamiento habitual. No es fácil modificar un hábito o ajustar un patrón de un día para otro. La buena noticia es que no estamos tratando de cambiar nuestras partes, sino que intentamos ayudarlas. Cada vez que te conectas con curiosidad, comienzas a entablar una amistad con la parte, lo que permite establecer una conexión más profunda con el Ser.

La práctica en este capítulo no es fácil. Quiero reconocer el coraje que se necesita para dar voz a las partes Protectoras. Estoy orgullosa de ti por haber leído el ejercicio, y más aún por practicarlo. Tu curiosidad y disposición para seguir leyendo son una señal segura de que el Ser te está guiando. Esta práctica de 15 minutos, cuando se aplica con frecuencia, tiene el poder de aumentar tu conciencia sobre tus partes y transformar la manera en que te experimentas a ti mismo. Cada vez que escribes en un diario, les envías a tus partes un mensaje de que es seguro mostrarse; esto te permite ver la parte o las partes en su inocencia: como un niño. Esta nueva percepción de ti mismo puede ser fugaz, pero cuanto más te conectes, más pronto verás que las partes son una *parte* de ti; no son quien tú eres. Entonces sucede un cambio interno porque puedes percibir la parte como un mecanismo de protección, en lugar de etiquetarla como un "rasgo de personalidad malo". Esto abre un espacio para que surja la compasión.

Es esencial tener en cuenta que estas partes son jóvenes e inocentes. Al motivar a las partes a expresarse, les permites revelar sus verdades y decir con libertad lo que necesitan. Mi hijo me recuerda a diario que cuando permites que los niños hablen, revelan lo que *ellos* realmente necesitan. La mañana en que escribí este capítulo, estaba preparando a Ollie para irse de campamento, y durante 20 minutos estuve negociando con él para que se pusiera su ropa interior. Él se seguía resistiendo y gritaba: "¡No quiero usar ropa interior!". Al principio respondí con más resistencia, suponiendo que era sólo la típica desobediencia de un niño de seis años. Después me di cuenta de que mi enfoque era ineficaz, y decidí ofrecerle curiosidad y espacio para compartir sus sentimientos. Le pregunté con empatía: "Veo que esto te está molestando mucho. ¿Cómo puedo ayudarte? ¿Qué quieres que sepa sobre tu ropa interior?". Para mi sorpresa, respondió sin dudarlo: "Pica, mamá". Mi corazón se derritió. En ese instante pude ver que pasé 20 minutos ignorando la verdadera razón de su resistencia. No estaba tratando de provocarme; estaba avergonzado de compartir sus necesidades. Ofrecerle mi energía curiosa del Ser le permitió expresar sus necesidades con libertad, sin resistencia.

Las partes, como los niños interiores, sólo buscan ser reconocidas y entendidas. Es nuestra responsabilidad conectarnos con la energía curiosa del Ser y escuchar activamente. Cuando le das a una parte la libertad de escribir con apertura en un diario, creas un espacio para que se exprese y revele lo que realmente necesita. Considera esta práctica de escribir en un diario como una herramienta poderosa para conocer tus partes y abrir la puerta para que comuniquen sus verdaderas necesidades con libertad.

Al igual que los niños pequeños, las partes también necesitan apoyo en lugar de resistencia. No existen niños malos; sólo desmotivados. En lugar de avergonzar o culpar a nuestras partes Gerentes, podemos alentarlas a expresar sus preocupaciones, recordando que, como diría Dick Schwartz, "no hay partes malas". Cuando permitimos que estas partes expresen su verdad, nuestros corazones tienen la oportunidad de abrirse, y la presencia tranquila y compasiva del Ser puede emerger.

SIÉNTATE CON TUS PARTES

Ahora tómate un tiempo para sentarte con las partes que se revelaron en este capítulo. Revisa las ideas sobre las cuales reflexionaste después de la práctica de escribir en el diario. Presta atención a una parte que surgió y, si sientes que es necesario, elige revisar y ver cómo está. Esta parte fue lo bastante valiente y comprometida como para avanzar, así que bríndale algo de atención y amor. Saca tu diario una vez más para hacer una rápida revisión.

En la parte superior de la página, nombra una parte que surgió en la práctica anterior.

Tómate un momento para **elegir revisar.**

Si estás abierto a revisar, sé **curioso**. Pregúntale a la parte qué quiere compartir contigo ahora. ¿Qué sentimientos, sensaciones, historias, creencias quieren manifestarse? ¿Cómo se siente esta parte en este momento? ¿Le gusta tu atención? ¿O ni siquiera sabe que estás aquí? Dale unos minutos para escribir y compartir cómo se siente en este momento. Dale permiso para que se desahogue.

Observa si hay alguna sensación de conexión. Con esa **conexión**, dedica tu atención **compasivamente** hacia la parte y escribe en la página: *¿Qué* necesitas y cómo puedo ayudarte?

Permite que la parte responda.

Toma en cuenta lo que la parte ha pedido. Ahora observa cómo te sientes hacia la parte y **revisa las cualidades C del Ser.** ¿Notas alguna calma, curiosidad, coraje, conexión, compromiso, claridad, creatividad o compasión? Si surge alguna cualidad C, tómate un minuto o más para respirar dentro de ese sentimiento. Permite que el Ser se expanda dentro de ti. Deja entrar al Ser, deja entrar al amor.

CAPÍTULO 5

Elige cambiar tu vida

Entro al salón de manicure donde voy siempre. La mujer en la caja frunce el ceño y los manicuristas intercambian sonrisas burlonas. Siento que la vergüenza me invade. Es que me he convertido en algo así como una leyenda en este salón por todas las razones equivocadas. Casi en cada visita, me siento abrumada por un intenso pánico que parece desproporcionado ante la simple tarea de elegir un color de esmalte. Cuando llego a la etapa de seleccionar un color, me invade una confusión interna y una ansiedad que es visible para todos, y que a menudo me lleva a hacer una elección impulsiva de la que luego me arrepiento. Este drama de selección de color me ha causado no poca tensión, vergüenza y gastos innecesarios cuando inevitablemente vuelvo a hacerme las uñas al día siguiente.

Entonces, ¿por qué es un problema tan grande para mí? ¿No es la dificultad para elegir un color de uñas uno de los problemas superfluos más grandes del planeta? Lo es. Pero para mí es un detonador importante que activa una parte exiliada de mí. Es una niña de cinco años que llora todas las mañanas para que sus coletas estén perfectas. "¡Sin bultos, sin bultos!", grita. Está en la cocina, pateando el piso en señal de indignación, tratando de forma desesperada de controlar lo único que siente que puede controlar: los bultos en sus coletas. Mientras escribo sobre ella, mi corazón se abre y siento una profunda compasión. La veo claramente y entiendo su sufrimiento. Está tratando de ejercer control en un mundo donde no tiene ninguno. Al conectarme con ella en este momento, puedo sentir un profundo anhelo de perfección, de coletas impecables como una forma de mantener el control en un mundo que de otra forma se siente caótico.

Paso tiempo con esta niña cada dos semanas. Mezcladas, entramos al salón de manicure con las mejores intenciones, pero siempre salimos decepcionadas, resentidas y abrumadas. Mi esposo me ruega que deje de hacerme las uñas: "Te vuelve loca. ¿Por qué sigues haciendo esto?". Ignoro su consejo y regreso por más.

En realidad, cada vez que entro al salón de manicure tengo una elección, una elección más allá del color de mis uñas. Puedo elegir dejarme llevar por el detonante que activa mi herida, perder la compostura por completo, avergonzarme y armar un escándalo. O puedo elegir mirar hacia mi interior, revisar y explorar con curiosidad. Pero saber que tengo esta opción y de hecho elegirla son desafíos muy diferentes.

Con toda la autoayuda, terapia y herramientas espirituales que tengo, todavía me equivoco. Es como si entrara en un estado comatoso cada vez que me acerco al salón de manicure. Me alejo de cualquier apariencia de autoconciencia y caigo de nuevo en la trampa de sentirme rebasada y fuera de control. Pero en lugar de castigarme por estos contratiempos o pretender que no son gran cosa, elijo percibir estos momentos como asignaciones divinas para el crecimiento del Ser y la conexión. Curiosamente, los problemas que parecen insignificantes en nuestra vida revelan nuestras heridas más profundas. Preocuparse por las pequeñeces es otra forma de protección. Mientras nos concentramos en las pequeñeces, no tenemos que centrarnos en las cosas importantes. Sin embargo, si estamos dispuestos a permitirlo, las pequeñeces pueden revelar mensajes importantes de nuestros Protectores, y ahí es donde nuestro poder de elección se vuelve significativo.

LA ELECCIÓN ES UNA PRÁCTICA

¿Recuerdas la última vez que perdiste la compostura por algo aparentemente insignificante? En ocasiones, cuando nos sentimos afectados, podemos reunir la suficiente conciencia de nosotros mismos para distanciarnos de la situación, abstenernos de enviar mensajes de texto impulsivos, pausar para respirar profundo o guardar silencio antes de reaccionar. Pero muy a menudo no recordamos que tenemos una elección. Nos consumimos tanto por la parte que olvidamos que tenemos la opción de mirar hacia nuestro interior en vez de explotar. La mayoría del tiempo vivimos oscilando entre las partes y sus reacciones y comportamientos reactivos. Nuestros Exiliados son como un cable de alta tensión que arde bajo la superficie, mientras que nuestros Protectores trabajan sin cesar para manejar la intensidad. Sin embargo, la opción de abrazar al Ser siempre está a nuestro alcance, aunque a veces pueda parecer lejano.

La elección es como un músculo que se fortalece con el uso. Es tu ancla cuando quieres tomar una copa, arremeter contra tu cónyuge o darte un atracón de comida por tus sentimientos. La elección puede redirigirte cuando tus Exiliados te abruman. Con cada elección consciente, estás construyendo una presencia calmada y conectada dentro de ti: la presencia del Ser que trasciende los miedos del mundo.

Durante décadas he compartido principios espirituales a través de mis libros, charlas y pódcast. Personas de todo el mundo se han comunicado conmigo con preguntas sobre trauma, adicción, violencia doméstica y otros temas desafiantes. Cuando esto sucedía en una charla en vivo, mi esposo se sentaba al borde de su asiento, preocupado porque el problema pudiera ser demasiado extremo como para abordarlo en ese contexto. Y sin embargo, con cada pregunta, entregaba el mensaje preciso que cada persona necesitaba escuchar.

"¿Cómo lo haces?", preguntaba Zach.

"Simplemente les recuerdo que tienen el poder de elegir de nuevo. La respuesta a cualquier problema puede ser revelada cuando optamos mirar hacia dentro en busca de orientación."

En retrospectiva, veo que incluso antes de estar conscientemente al tanto de los Sistemas Familiares Internos, confiaba en el concepto de elección como guía de regreso al Ser. Este amable recordatorio es un testimonio de que la elección sirve como catalizador para nuestra sanación más profunda. Dentro de todos nosotros yace un guía intuitivo, el Ser, listo para apoyarnos y revelar la siguiente acción correcta.

Cuando recuerdas que tienes la elección de mirar hacia tu interior, permites que el Ser entre. Elegir mirar hacia dentro abre tu conciencia al hecho de que ahí hay una presencia de amor que realmente puede ayudar. Ejercitar la opción te recuerda que debes convertirte en el testigo sin prejuicios de tus partes Protectoras. En lugar de pasar por alto, ignorar o incluso avergonzarte de tus partes, las explorarás con curiosidad, despejando el espacio para que se revele información importante.

Observar a tus Protectores ayuda a que se sientan vistos, respetados y honrados. Cada vez que eliges mirar hacia dentro para revisar una parte, es como si un progenitor cariñoso viniera a apoyarte a través de tus emociones intensas. Tu elección de mirar hacia tu interior activa la presencia del Ser, la cual brinda esperanza, seguridad y dirección clara.

LA ELECCIÓN DE SANAR

¿Alguna vez has tenido una experiencia de resentimiento y alivio a la vez? Quizás estabas en una encrucijada entre la vida que conocías y el camino hacia una nueva forma de vivir. Tal vez fue una reunión de 12 pasos o un centro de rehabilitación donde te debatías entre la frustración y una abrumadora sensación de liberación. O el día que por fin saliste de casa, terminando una relación abusiva: finalmente libre, pero aterrada de lo que implicaría estar sola.

Permíteme llevarte de vuelta a ese momento cuando yo entré sobria en un centro de rehabilitación, al borde de tomar una decisión que redefiniría la trayectoria de mi vida. Recuerdo el caos de mi adicción a la cocaína, al alcohol, a la codependencia y al trabajo. La adicción gobernaba mi vida. Y luego, el 2 de octubre de 2005, tomé la decisión de entrar en ese centro de rehabilitación e iniciar mi viaje de sanación. Ese día coexistieron el resentimiento y el alivio.

Ese día, conscientemente elegí entrar en un centro que contenía algo que no podía comprender del todo, palabras que parecían extrañas, pero que resonaban profundamente en mí. El grupo compartía una vulnerabilidad y conexión que nunca había visto antes. Y, aunque era desconocido, sabía que estaba en casa. Había encontrado a mi gente, mi comunidad y, lo más importante, al fin había tomado una decisión.

Piensa en el día en que comenzaste tu propio camino de sanación, sea cual sea lo que signifique para ti. Quizás un amigo te dio este libro, pero la elección final de abrirlo fue tuya. Una elección para despertar, enfrentar tu verdad y embarcarte en el camino desconocido, pero esperanzador, hacia delante. No importa qué tan extremas sean tus partes en este momento, al abrir este libro has hecho una elección: la opción de permitir que el Ser ayude.

Conforme comenzamos a observar y abrazar el hecho de que poseemos el poder de sanar en cualquier momento dado, desbloqueamos una puerta invisible para que fluya la energía del Ser. Si no abrazamos esta elección y confiamos en ella, permaneceremos atrapados en la creencia de que somos simplemente víctimas de nuestros factores detonantes y la naturaleza reactiva de nuestros Protectores; nuestras defensas seguirán estando justificadas. Desarrollar la conciencia de nuestra capacidad de elección nos da el poder de saber que existe un camino alternativo: que en cualquier momento dado, podemos decidir mirar hacia nuestro interior. En este momento puedes elegir aceptar que existe un plan para sanar, que comienza con la elección. Elegimos tomar un libro como éste, elegimos ir a terapia, elegimos recibir apoyo psiquiátrico, meditación, remedios holísticos; elegimos mirar hacia dentro. Hacer esa elección permite que la energía siempre presente del Ser tome la iniciativa, y entonces la experiencia espiritual de la rendición genuina puede comenzar. Tienes el poder de redirigir tu vida ahora mismo aceptando esto: tu felicidad es una elección que haces; la elección es un músculo, y cuanto más a menudo elijas revisarte, menos tiempo pasarás desconectado.

CUANDO LA ELECCIÓN PARECE INALCANZABLE

Entiendo si piensas que es ridículo, incluso irresponsable, que hable de la felicidad como algo que está a sólo una elección de distancia. "Pero tengo problemas reales", dices. "Y no puedo elegir ser feliz cuando vivo con todos estos problemas." Lo entiendo. Puedes estar luchando contra la adicción, depresión, preocupaciones económicas, miedo a la violencia, inseguridad alimentaria y muchos otros problemas graves. Los problemas serios no se resuelven eligiendo ser feliz. Incluso ahora, leer sobre el poder de la elección puede activar una parte Protectora de ti. Quizá tienes una parte que necesita desesperadamente aferrarse a sus creencias y se resiste ante la idea de que tienes el poder de cambiar.

He experimentado de primera mano que en los momentos más oscuros la elección sigue siendo posible. En 2019 experimenté una depresión posparto con tendencias suicidas. Aunque fue el peor momento de mi vida, también me dio la oportunidad de entender la enfermedad mental a nivel personal, y por ello estoy agradecida.

En ese momento, elegir mirar hacia dentro se sentía imposible, mi meditación me falló y había perdido la esperanza en mi realidad. Pero nunca perdí la capacidad de orar. Por medio de una oración devocional diaria, inconscientemente tomé una decisión: elegí vivir. Aunque no lo reconocí en ese momento, la oración fue la única elección que fui capaz de hacer. Elegí orar por ayuda, elegí orar por orientación, y aunque me resistí a esa orientación durante varios meses, al final mis oraciones fueron respondidas. Mi elección de orar me llevó a obtener apoyo psiquiátrico que por último salvó mi vida. Así que, aunque no pude elegir la felicidad en ese momento, la elección que hice de orar y mirar hacia mi interior abrió la puerta para que el Ser tomara la iniciativa.

Sólo podemos experimentar los milagros que estamos dispuestos a ver. El milagro para mí no fue encontrar una manera holística de poner fin a mi sufrimiento. El milagro fue que pude ver a Dios y al espíritu en la orientación que me llevó a entrar en la oficina del psiquiatra y entregarme al camino de sanación más seguro.

Para mí, la oración no tiene denominación y está arraigada en mi fe en que hay una presencia espiritual que siempre me apoya y guía. Reconozco que incluso mencionar la palabra *oración* podría activar algunas de tus partes, en especial si tienes una historia conflictiva con la religión o la espiritualidad. Si te resulta útil, puedes pensar en ello como una rendición o en establecer una intención. (Siempre puedes ajustar el lenguaje espiritual o terapéutico a lo largo de este libro.) Considera esto: cuando oramos, hacemos una pausa y retrocedemos; de manera momentánea soltamos nuestros miedos y preocupaciones. Una oración es una forma de pedir ayuda, incluso si no sabes a quién le estás pidiendo. Este ligero ajuste, el momento de la rendición, puede darle alivio a nuestras partes.

LA ORACIÓN ES UNA FORMA DE PEDIR AYUDA

Cuando decidí estar sobria a los 25 años, mi madrina me dijo que la clave para la sobriedad era fortalecer mi fe en un Poder Superior que yo misma comprendiera. En ese momento, no tenía ninguna relación con Dios o un Poder Superior. Pero admiraba la sobriedad y la paz interior de mi madrina, así que estaba dispuesta a seguir su ejemplo. "Finge hasta que lo logres", solía decir. Me encantaba este lema de los 12 pasos porque me permitía abrir mi corazón a la posibilidad.

Una tarde, durante nuestro encuentro semanal, accedí con reticencia a arrodillarme y orar. Aunque no estaba segura de a quién diablos le estaba orando, sabía con exactitud qué estaba buscando. Oré por ayuda, por guía y apoyo.

Desde entonces, todos los días me arrodillaba con humildad y oraba, y ¿sabes qué? Se sentía como si se me quitara un peso de encima. Día con día, encontraba el alivio que tanto necesitaba a través de la oración. Repetía la Oración de la Serenidad: "Dios, concédeme serenidad para aceptar las cosas que no puedo cambiar, valor para cambiar aquellas que sí puedo, y sabiduría para reconocer la diferencia". No sabía qué significaba Dios para mí, pero sí sentía alivio cuando me rendía a través de la oración. La práctica de recurrir a un Poder Superior me ofrecía alivio a lo largo del día, y me daba un momento para pausar, rendirme y redirigirme.

Te sugiero que pienses en la oración como una forma de rendirte y soltar; es como decir: "Estoy abrumado y necesito ayuda". Cada oración es un acto de rendición que puede recordarnos nuestra capacidad de revisar nuestra situación en lugar de permanecer desconectados. El instante en que hacemos una pausa a través de la oración, abrimos una puerta invisible para que la energía del Ser avance y ayude a calmar a los Protectores. Cada vez que oramos, creamos un pequeño espacio entre el estímulo y la reacción, permitiendo que el Ser se manifieste. Esa oración de un instante puede despertar curiosidad, un toque de compasión o el compromiso de mirar hacia nuestro interior. La oración es una alternativa para ver la paz en vez del miedo.

Cada vez que has dicho o pensado: "No puedo seguir así" o "Tiene que haber una mejor manera", eso es una oración. El deseo consciente de ayuda es una oración. La oración abre nuestra conciencia a la posibilidad de elegir, activando así la energía del Ser en nuestro interior. Cada vez que oramos para "ver la paz en lugar de esto", nos rendimos a una presencia espiritual más allá de nuestra lógica y razón. Mirar hacia nuestro interior es aterrador y casi siempre es lo último que queremos hacer cuando estamos alterados. En la mayoría de los casos ni siquiera es una opción lógica porque estamos tan fusionados con el Protector que no podemos ver otra opción más que quedarnos estancados gestionando nuestras grandes emociones. Pero mientras más pausamos y oramos, más conscientes somos de nuestro poder para elegir ver a través de la lente del amor.

ESCRIBE TU HISTORIA EN TIEMPO REAL

Una querida amiga, que también es *coach* espiritual, una vez me compartió una valiosa idea. Relató una experiencia con una clienta que muy seguido usaba frases como "Estoy maldita" y "Siento que siempre hay una nube oscura sobre mí". Su respuesta a la clienta fue profunda: "Cuando repites esas palabras, estás escribiendo tu historia en tiempo real". Es un recordatorio de que nuestras creencias crean nuestra realidad, sin importar lo desafiante de nuestras circunstancias. Cada día tenemos la opción de reescribir el guion de nuestra vida.

Tómate un momento para reflexionar sobre el poder de tu propia elección. Tu elección de leer este libro fue una decisión de mirar hacia dentro y reescribir tu historia. Escribir una historia llena de significado. No se trata de recitar o afirmar una nueva historia en la que no crees, se trata de elegir sanar. Cada vez que oras, cada vez que eliges revisar tu situación, envías un mensaje a cada parte de ti de que estás dispuesto a ver a través de la lente del Ser en vez de la lente del miedo.

Habrá muchas veces en que puedas sentirte rebasado, temeroso o fusionado con un Protector, y te puede parecer imposible elegir revisar tu situación interna. Tómate un momento para reflexionar sobre las veces en que estás tan abrumado que olvidas que tienes una elección. ¿Cuándo sucede eso? Tal vez en el momento en que entras a la casa de tu infancia, pierdes tu centro por completo, te desconectas y regresas a comportamientos infantiles. Quizá cada vez que inviertes en ti mismo o gastas dinero en necesidades personales, te sientes abrumado por pensamientos de inseguridad económica. O cuando la persona con quien has comenzado a salir no contesta tus mensajes de inmediato, te desesperas y sientes que tu mundo se acaba. Esos estados de desconexión pueden atraparnos en una narrativa que revisitamos de forma continua, como un bucle repetitivo. Una vez que ese bucle gana impulso, creemos que es nuestra realidad, olvidando que teníamos alguna otra opción sobre cómo pensar o sentir. Nos quedamos tan atrapados en el comportamiento y los pensamientos repetitivos del Protector que la elección ya no es una alternativa de la que somos conscientes.

Cuanto más extremista sea el Protector, más difícil será recordar que puedes elegir revisar tu situación. El Protector puede estar tan inundado de emociones que sus pensamientos y creencias se convierten en tu verdad absoluta. Los pensamientos que repetimos se convierten en creencias que llevamos dentro, y lo que creemos lo creamos en mayor cantidad. Cuanto más atrapados estemos en el bucle de los pensamientos del Protector, más caótica y extrema puede parecer nuestra vida. Aquí es donde es útil hacer de la elección una práctica devocional.

Considera cada oración como un regreso hacia el Ser: un deseo consciente de sanar. Cada oración es una pausa momentánea y un gentil recordatorio de que puedes elegir de nuevo. Cuando te recuerdan esta elección, hay una gran posibilidad de que puedas comenzar a desvincularte del Protector (aunque sea por un momento). Quizá respires aliviado, o quizá te quites la presión de encima por un instante, te dejes llevar y permitas que la presencia espiritual de la energía del Ser entre en tu inconsciente. Una oración por la ayuda del Ser invoca cambios internos milagrosos.

Una oración es la elección de mirar hacia dentro y salir del bucle. La oración ofrece a tus Protectores la esperanza de que hay una forma más amable de percibir tu vida. En ese espacio puedes percibir la verdad de que tu Protector *no eres tú,* sino *una parte de ti*, y que es seguro explorar con más curiosidad y apertura a lo que yace en tu interior.

Ejercitar tu elección de revisar tu situación no es imponerte un nuevo sistema de creencias, sino comenzar con la aceptación de que tienes mucho más poder del que piensas. Es una práctica para recordar esta verdad y un compromiso para ejercitarla. Aunque en muchas situaciones puedes recurrir a la elección rápidamente o incluso de manera espontánea, aún habrá momentos en que ciertas partes pueden hacer que olvides por completo tu elección, lo que dará como resultado horas de retraso antes de que vuelvas a ella. Lo importante no es la cantidad de tiempo que toma elegir revisar tu situación; es lo que sucede dentro de ti cuando lo haces. Permitir que la elección te guíe hacia tu interior es un cambio habitual en tu mente y un ajuste neuronal en tu cerebro.

REVISIÓN CON ORACIÓN

Agregar oración al proceso de revisión te brinda un punto de cambio. Cuando la elección parece estar fuera de tu alcance, la oración puede ser el medio para guiarte de vuelta y recordar tu elección. En lugar de pasar por alto, ignorar o incluso avergonzar a la parte, ora por la elección. Una oración simple como "Elijo ver la paz en lugar de esto" te sitúa directo en el asiento del Ser. Esta oración despeja el espacio para tu revisión, permitiendo que se revele información relevante.

Aquí te sugiero cómo aplicar tu oración al proceso de revisión.

1. Empieza haciendo de la oración un hábito. Cada día, cuando notes una molestia menor, un pensamiento que te juzga o una sensación de crítica interna, haz una pausa y ora: "Doy la bienvenida a la ayuda". Esta oración invoca el poder de tu elección, enviando un mensaje interior de que estás dispuesto a recibir orientación. Cuando hagas de esta oración un hábito diario (también puedes usarla a lo largo del día), recordar que puedes pedir ayuda se volverá algo normal.

   Conforme desarrolles este punto de cambio a través de la oración, podrías sentirte inspirado a continuar con el proceso de revisión. Recuerda, esta oración es suficiente para abrir tu conciencia a fin de recibir una Buena Dirección Ordenada: Dios. Si te sientes llamado a continuar la revisión, da el siguiente paso.

2. Cuando notes una sensación sutil de alivio, es momento de **elegir revisar** tu situación con tus partes. Enfoca tu atención hacia tu interior y permite que el proceso avance.

3. Sé **curioso** y observa qué sentimientos, sensaciones o pensamientos surgen. Atestigua tu experiencia interna sin crítica. ¿Qué sabes sobre esta parte de ti? En tu diario, dale espacio para responder.

4. **Conéctate compasivamente** con la parte al preguntarle qué necesita ahora mismo. Escucha y asimila la información. Si sientes el llamado, escribe la respuesta en tu diario.

5. **Busca las cualidades C**. Coloca tu mano sobre tu corazón e inhala profundamente. Observa en tu interior si aparece alguna de las cualidades C del Ser: calma, compasión, claridad, coraje, creatividad, conexión, compromiso. Cuando notes siquiera la más mínima sensación de una cualidad C del Ser, coloca tu mano sobre tu corazón y respira. Respira con el Ser y abre tu corazón para recibir más orientación intuitiva. No dejes pasar este momento: éste es el milagro cuando el Ser se manifiesta. Permanece tanto tiempo como puedas en la presencia del Ser. Para mejorar esta experiencia, me encanta sentarme a meditar y sentir la conexión con el Ser en mi cuerpo. Para escuchar el audio de esta práctica, en inglés, visita DearGabby.com/SelfHelpResources.

Abre tu corazón, permanece en calma y permite que el Ser entre.

PRESENCIA Y PACIENCIA

El poder del proceso de revisión radica en tu disposición para volver a él una y otra vez. Este proceso es una oración; es una elección consciente de mirar hacia dentro en busca de ayuda. Revisar puede convertirse en un hábito que sea más fuerte que tu miedo; con tiempo y repetición el proceso se vuelve algo normal, y te ofrece una nueva forma de relacionarte con tu mundo interior.

Considera el proceso de revisión como una oración devocional diaria que te ayuda a crecer y mantener una conexión constante con tus partes. Esta conexión se establece al darles atención a tus partes, fomentando la curiosidad y cultivando una conexión compasiva. Cuanto más frecuentemente practiques estos pasos, más arraigados se volverán, lo que hará más fácil que tus partes Protectoras confíen en la presencia de la energía de tu Ser. Esta confianza es el mayor amor que jamás conocerás. Es un amor incondicional, constante y siempre disponible para ti. Ésta es la promesa de la elección.

Es importante enfatizar el poder de la paciencia en tu práctica. Conforme te abres al Ser, puede fluir más compasión, lo que a su vez permite tener más paciencia con el proceso. Sanar décadas de Protectores no sucederá de la noche a la mañana; recuérdalo ahora que tus Protectores han estado al mando durante tanto tiempo. Han trabajado arduamente para que te sientas seguro, y has aprendido a confiar en sus estrategias de afrontamiento. El contacto constante con tus partes te permitirá tener espacio para ti mismo. Sé paciente, sabiendo que los milagros se producen en los pequeños cambios de cada momento.

Una oración a la vez da la bienvenida al Ser a tu conciencia. Puede haber momentos en que te sientas abrumado y te parezca desafiante iniciar el proceso. En esos casos, vuelve a tu oración; si no sientes un cambio interno, está bien. Confía en que el cambio está en camino. Tal vez más tarde ese día te resulte más fácil revisar o experimentar un momento espontáneo de conciencia del Ser que se manifiesta. La oración es el conducto hacia el Ser, y encenderá tu guía interna, incluso si no la sientes de inmediato.

Conforme ejercitas tu elección de mirar hacia dentro un minuto a la vez, estás construyendo un músculo dentro de ti. Este músculo no se alimenta de juicio o rigidez; está apoyado por la compasión y la calma. Se convierte en una presencia constante, una guía estable que te acompaña a través de cada desafío.

Sé paciente, y ten la certeza de que la simplicidad de la elección es una fuerza que te guiará en tu viaje. Tu elección de revisar mantiene el potencial de remodelar tu perspectiva, tus reacciones y, en última instancia, tu vida. Recuerda, no se trata de que sigas un plan intrincado, sino de reconocer la libertad en cada momento. Observa los momentos en los que puedes estar presente con tus partes, aunque sea por un instante. La presencia que brindas a tus Protectores internos les permite suavizar sus aristas. La presencia les hace saber que en realidad son vistos.

LA ELECCIÓN TE DA PODER CUANDO TE SIENTES IMPOTENTE

Una hora después de sentarme a escribir este pasaje, me hice las uñas. Después de años de molestar a los manicuristas en el salón, al fin encontré a un joven increíble. Vito y yo pasamos una hora juntos cada dos semanas. Ésta es una relación continua; agradezco haber manifestado, no sólo por la encantadora atención a mis uñas sino por nuestras profundas y significativas conversaciones. En lugar de estar en mi teléfono o sólo desconectarme, disfruto del tratamiento de uñas mientras hablo con Vito. Su energía es tan tranquila y abierta que es fácil para nosotros conectar. A veces él me habla sobre su vida personal o sus aspiraciones profesionales. Esta noche parecía un poco decaído y le pregunté al respecto. Compartió conmigo que se sentía "atrasado en la vida". Sin dudarlo le dije: "La parte de ti que se siente atrasada, ¿cuánto tiempo lleva ahí?".

"Desde que era un niño", respondió.

"¿Alguna vez has considerado mirar hacia tu interior en busca de orientación?"

Su rostro se relajó y su energía se suavizó. Dijo: "El solo hecho de ofrecerme esa opción, me da esperanza".

CAPÍTULO 6

Cómo sabrás que el Ser *está* dentro

Una amiga terapeuta de SFI me dijo una vez: "Gabby, leí tu libro *El universo te cubre las espaldas*, y en los primeros párrafos de la introducción pensé: 'Ella está hablando de SFI'". Este comentario me sorprendió porque cuando escribí el libro ni siquiera sabía acerca de SFI. Estaba escribiendo sobre mi relación espiritual y mi conexión con mi sistema de orientación interior. El mensaje central de ese libro es: transformar el miedo en fe por medio de la conexión espiritual.

Al reflexionarlo, veo la clara conexión entre la espiritualidad y la esencia de SFI, y cómo los principios fundamentales de SFI han sido similares a mi propio camino espiritual. Desde mis 20 años, he dedicado mi vida a sanar las creencias basadas en el miedo de mi pasado por medio de la oración, la meditación y el desarrollo espiritual interno. Cada vez que notaba un pensamiento o patrón de temor, decía una oración: "Gracias, guía de la verdad y compasión más elevadas por ayudarme a transformar este miedo en amor". A través de mi práctica espiritual devocional, ofrecía mis pensamientos egoístas y críticos al cuidado de mi sistema de orientación interior —una presencia espiritual de amor y compasión—, un Poder Superior según mi propio entendimiento. Comprometerme con el hábito de presenciar mi miedo sin juicio y ofrecerlo a un Poder Superior para su sanación es para mí la esencia de SFI. Día tras día invitaba a una presencia amorosa (el Ser) a entrar en mi mente y calmar mis percepciones temerosas del mundo.

El Ser es una energía de amor siempre presente dentro y alrededor de nosotros. Todos tenemos a nuestra disposición la energía del Ser en todo momento. Conforme nutrimos y desarrollamos esta conexión con el Ser, tenemos más acceso a él.

Lo que nubla ese acceso es la fuerte presencia de nuestros Protectores. Ninguno de nosotros está exento de construir sistemas de creencias protectores que nos atrapan en patrones no deseados. Los Protectores toman el control e influyen en nuestras acciones. Sin embargo, conforme nutrimos nuestro mundo interior y abrazamos una conexión espiritual con la energía del amor, podemos detener por el momento nuestras creencias mundanas y redescubrir el Ser que está dentro. La sanación se presenta cuando estamos dispuestos a abrir nuestras mentes a nuevas perspectivas, un cambio a la vez.

Incluso el cambio más leve en la percepción de un Protector hacia el Ser es un milagro. He tenido el honor de presenciar a miles de personas experimentar una conexión espiritual según su propio entendimiento: una experiencia del Ser. He facilitado espacio para algunas de las meditaciones grupales más grandes del mundo y en minutos he sentido cómo cambia la energía de una sala llena de miles de personas. He guiado a invitados en mi pódcast a través del proceso de revisión y en minutos he sido testigo del cambio de una ansiedad extrema del Protector a una calma encarnada por el Ser. Todo lo que se necesitaba para que estos milagros sucedieran era la mínima voluntad de elegir mirar hacia dentro en busca de apoyo.

Al buscar apoyo interior, somos bendecidos con la guía del Ser y una experiencia interna de paz. Las respuestas están dentro porque la búsqueda externa simplemente no funciona. No existe nada ni nadie fuera de nosotros que pueda salvarnos de los sentimientos internos. Todo el alivio que buscamos en sustancias, relaciones, éxito, etcétera, simplemente no está ahí. El alivio nos espera dentro. Tu voluntad de mirar hacia tu interior es todo lo que se necesita.

Un cambio sutil hacia el interior, un día a la vez, te permite recordar que *no* estás solo, y que el Ser está ahí para ayudar. Con el tiempo establecerás una conexión con el Ser en la que puedas confiar: una energía intuitiva (espiritual), un sistema de orientación interior y una sensación de presencia.

Cada vez que te conectas con una parte, quitas un ladrillo de la pared que bloquea la presencia del Ser. Cuanto más comprometido estés con la introspección, con mayor facilidad quitarás estos ladrillos. Aunque pueda parecer que hay un largo camino por delante, te aseguro una cosa: llega un momento en que la división entre el Ser y tus partes desaparece, lo cual te otorga acceso sin esfuerzo a la energía del amor. La conexión espiritual con el Ser siempre ha estado dentro de ti, y ahora es el momento de reclamarla.

LAS MOLÉCULAS DEL SER SON SUFICIENTES

Cada vez que sientes que una molécula de energía del Ser entra en ti, fortaleces tu fe en que hay una presencia amorosa en tu interior. Una molécula de conexión puede sentirse como una respiración profunda desde el vientre, un suspiro de alivio, una sensación de seguridad interior, una sensación expansiva de presencia o incluso una chispa de intuición creativa. Experimentarás cualquiera (o más) de las cualidades C del Ser de forma natural: compasión, coraje, conexión, calma, creatividad, claridad, confianza, curiosidad.

El Ser es la curiosidad que te guía a pasar las páginas de este libro. El Ser se transmite a través de la energía que emito en estas páginas. El Ser es la calma que sientes en la meditación. El Ser está disponible para ti aquí y ahora. Se presenta una expansión que abre tu corazón mientras tus Protectores se calman y el Ser se instala. La presencia del Ser te abre a infinitas posibilidades. No hay ningún lugar donde tú y el Ser no se crucen. Ahora mismo está en ti, alrededor de ti y contigo. Siente mis palabras, siente la energía que se transmite en la página, y permite que mi energía del Ser se transmita a ti ahora.

Deja entrar al Ser. Continuaré permitiendo que el Ser escriba a través de mí para que experimentes el intercambio de energía. Realmente creo que la energía que estoy expresando ahora en esta página se transmitirá en cada ejemplar de este libro. Recuerda, el Ser crea más Ser.

CREA UNA NUEVA RELACIÓN

Reconectarte con el Ser es como reconectarte con un viejo amigo. Puede llevar tiempo, pero también puede suceder de manera espontánea. El tiempo que necesites restablecer esta conexión es irrelevante; lo más importante es tu valentía para mirar hacia tu interior. Una vez que lo haces, incluso la más mínima molécula de energía del Ser es suficiente para fortalecer tu conexión.

Cuanto más conscientemente elijas conectarte con el Ser a través de las prácticas que comparto aquí, más fácil te será experimentar la presencia y la paz. Conforme tengas cada vez más fe en el Ser, éste se convertirá en tu primer guía, que te ayudará a ver la inocencia de cada parte, permitiendo que todas se suavicen.

Tu conexión con el Ser es la relación más profunda de tu vida. Es una relación que te ayudará a sentirte seguro por dentro, cambiando así la forma en que experimentas el mundo. Podrás vivir en el mundo, pero pensar y actuar con pensamientos de amor. Ya no serás víctima de tu pasado o futuro; más bien, estarás completamente comprometido con el momento presente.

Cuando una parte Protectora se siente conectada con el Ser (incluso por un instante), puede calmarse y soltar su control. De nuevo, comparo esta conexión con mi experiencia diaria con mi hijo de seis años, Oliver. Cuando Ollie está inundado de emociones, en lugar de callarlo, decirle "Estás bien" o mandarlo a un tiempo fuera (un gran NO-NO para Gabby), hago lo contrario. Pacientemente me conecto con él y noto sus sentimientos. Extiendo mi energía del Ser hacia él, y le digo: "Veo que estás muy enojado ahora mismo". Me agacho y le pregunto con calma: "¿Hay algo que quieras que yo sepa?". Permanezco curiosa y tranquila, permitiéndole expresar completamente sus sentimientos. Tan pronto como noto que su energía se calma, su respiración se desacelera o su cuerpo se relaja, me conecto con compasión: "¿Qué necesitas ahora? ¿Necesitas un abrazo?". Cada vez que extiendo esta conexión compasiva hacia él, mando un mensaje poderoso a su cerebro: un mensaje de que sus sentimientos importan, de que es perfectamente seguro experimentar emociones intensas y de que acepto cada parte de quien es.

Reflexiona sobre la profunda importancia de esta conexión para un niño y luego imagina lo que podría significar para ti ofrecerles esa misma conexión a tus propias partes internas. Contempla la idea de que al sólo conectar tus partes con el Ser, estás fortaleciendo una sabiduría inherente y una guía interna en las que puedes confiar fielmente.

Rendirse al Ser puede ser desafiante porque nos hemos acostumbrado a no confiar. Tómate un tiempo para pensar en tu infancia. ¿Confiabas en que era seguro sentir tus grandes emociones y sentimientos? ¿Tus cuidadores primarios se centraron en tu experiencia interna o más bien en cómo te comportabas, si eras una *niña o niño bueno*? Peor aún, ¿las personas que debían cuidarte fueron la fuente de tu inseguridad? Incluso si tuviste un fuerte vínculo de apego y una crianza positiva, tal vez hubo experiencias que no eran seguras para que tu cerebro infantil las procesara. Sin el apoyo y procesamiento adecuados, te dejaron solo para lidiar con tus emociones desbordadas. Luego, por supuesto, surgiría una multitud de

Protectores para ayudarte a evitar que te enfrentaras alguna vez al dolor exiliado y los sentimientos primarios de no ser cuidado.

Pero ¿y si *tú* pudieras atender esas emociones ahora?

Aunque una conexión de confianza con un cuidador tal vez no estuvo disponible para ti como niño, está a tu disposición ahora. El progenitor seguro, estable y reconfortante que siempre necesitaste, está aquí, ahora mismo. Lo digo en serio. Sólo por haber tomado este libro, hiciste una elección guiada por el Ser; el coraje para seguir leyendo proviene de la presencia del Ser dentro de ti. El Ser está aquí ahora, no necesitas encontrarlo, puedes liberar los bloqueos a la presencia del Ser que siempre ha estado ahí.

El monje budista Thich Nhat Hanh dijo: "Calmas tus sentimientos con sólo estar con ellos, como una madre que abraza tiernamente a su bebé que llora. Sintiendo la ternura de la madre, el bebé se calmará y dejará de llorar". Cuando puedes acceder a tu energía del Ser, éste te permite estar ahí para tus Protectores, dándoles una sensación de seguridad que les ayuda a relajarse. Puedes mantenerte presente con tus emociones, tratándolas con el mismo cuidado que le darías a un niño inocente, dándoles a tus partes un espacio seguro y confiable dentro de ti.

MOMENTOS ESPONTÁNEOS DEL SER

A lo largo de este viaje, podrías experimentar conexiones espontáneas con el Ser. Quizá mientras practicas uno de los ejercicios de escritura en un diario, notes una intensa sensación de curiosidad, una curiosidad tan fuerte que te permita experimentar una nueva perspectiva. O tal vez, mientras practicas una de las meditaciones, la paz y la calma te envuelvan. Mantén tu corazón y tu mente abiertos a conectarte con el Ser. Recuerda, no tienes que acceder al Ser; sólo necesitas liberar los bloqueos a la presencia de la energía del Ser dentro de ti.

Cuando una parte se siente conectada con el Ser, puede comenzar a relajarse. La relajación se instala porque tu parte joven siente que hay un adulto de confianza en la habitación. Por lo general toma tiempo para que esta confianza se construya, pero puede aparecer de forma espontánea si estás abierto a ella. Dick Schwartz tiene una hermosa manera de describir la conexión espontánea con el Ser:

> Todos conocemos esos momentos luminosos de claridad y equilibrio en nuestra propia vida y en la de nuestros pacientes que aparecen brevemente de vez en cuando. Como sea que lleguemos allí, de repente encontramos una sensación de plenitud interna y apertura al mundo que no estaba allí en el momento anterior. El constante y desagradable diálogo mental cesa, tenemos una sensación de amplitud y calma, como si nuestra mente, corazón y alma se hubieran expandido e iluminado. A veces, estas experiencias efímeras vienen en un brillante resplandor de certeza pacífica de que todo en el universo está realmente bien, y eso nos incluye a nosotros, a ti y a mí a nivel individual, en toda nuestra pobre, luchadora e imperfecta humanidad. Otras veces, experimentamos una alegre ola de conexión con otros que elimina la irritación, la desconfianza y el aburrimiento. Sentimos que, por una vez, en realidad somos nosotros mismos, nuestros verdaderos yo, libres de la cacofonía interna que regularmente nos asalta.[1]

Experimento los momentos luminosos del Ser cuando doy una charla motivacional. Cuando hablo, puedo salir de mi cabeza, sintonizarme con el espíritu dentro de mí y aprovechar una fuente de energía transformacional: la energía del Ser. Puedo entrar en el flujo, dejar que las palabras fluyan a través de mí y sentir la mayor experiencia de presencia. Me siento conectada, inspirada y viva. ¿Te suena familiar? ¿Alguna vez has experimentado una gran sensación de expansión mientras haces ejercicio, o de energía creativa mientras realizas una actividad artística? Quizás hayas notado la calma del Ser después de una meditación profunda. Toma nota de los momentos en tu vida en que experimentas este tipo de alivio con espontaneidad.

Hace poco viví un momento espontáneo con una persona que llamó a mi pódcast, *Dear Gabby*. Estoy en el estudio de grabación e invito a personas seleccionadas al azar para escuchar sus preguntas y orientarlos en tiempo real en pantalla (por eso se llama *Querida Gabby*). En cuanto esta invitada en particular apareció en pantalla, sentí que necesitaba hacer una introspección. Su Protectora estaba atrapada en el ciclo de la autocrítica. Ella seguía refiriéndose a un "crítico interno" que dirigía el espectáculo, manteniéndola pequeña y alejándola de lo que deseaba en la vida. Pero en sólo cinco minutos la guie para que eligiera hacer una introspección, se abriera a la curiosidad y se conectara compasivamente. Su apertura le permitió ir hacia su interior con rapidez y le fue fácil ver esa parte. Cuando llegamos al paso de la conexión, le pregunté: "¿Qué sientes hacia esa parte de tu crítico interno?". Ella respondió de inmediato: "Siento compasión por ella. Mi corazón está abierto y todo lo que siento es amor". Las lágrimas brotaron de sus ojos. En el momento en que escuché la palabra *compasión*, supe que el Ser estaba en la sala.

Esta rápida conexión con el Ser fue un catalizador importante para mi invitada. Toda su energía cambió. Luego le pregunté: "¿Qué necesita esa parte?". Ella respondió: "Más de esto". Ella dejó nuestra conversación con una energía y perspectiva completamente nuevas sobre su vida.

Varios meses después, fue elegida al azar de nuevo para regresar al pódcast como invitada. "¿Me recuerdas, Gabby? Soy la mujer que tenía un crítico interno muy severo que dirigía mi vida."

"¡Sí, mi amor! ¿Cómo estás?"

"Bueno, el crítico interno sigue ahí y expresándose, pero ya no tiene tanto control sobre mí. En nuestro breve encuentro, ¡tuve un cambio importante! Pude ver al crítico interno como una parte joven de mí, en lugar de que *fuera* yo. Sentí compasión por él, y he podido acceder a esa compasión con frecuencia".

En sólo unos minutos durante una grabación en vivo de mi pódcast, esta mujer experimentó un cambio radical que la transformó para siempre. No es que el crítico interno desapareciera, sino que pudo experimentar al crítico interno de manera diferente, con compasión. Esta conexión espontánea con el Ser fue tan reveladora para ella que le ofreció una forma nueva de relacionarse con el crítico interno. Ya no se dejaba atrapar por la narrativa (al menos ya no la mayoría del tiempo) y en lugar de eso podía ser testigo del crítico interno como una parte de ella. A través de esa lente, la autocompasión se estableció.

REVISA Y MEDITA

Tomemos un momento para una experiencia del Ser. Este proceso de revisión fundamental incluye una meditación de respiración de 90 segundos que te dará la oportunidad de conectarte con las sensaciones de la energía del Ser. Si sientes el llamado de hacer una revisión ahora, sigue mi orientación. Para escuchar el audio guiado de esta práctica, en inglés, visita DearGabby.com/SelfHelpResources.

Elige hacer una revisión enfocando tu atención en tu interior, sintonizando con cualquier parte que pueda estar presente en este momento. Ancla tu energía en este paso con una afirmación para invocar al Ser: "Le doy la bienvenida a la energía tranquila del Ser para que entre en este proceso amable".

Extiende la curiosidad hacia tu interior al revisar cualquier pensamiento, sentimiento o sensación. Si notas que una parte emerge, dale tu atención. Permanece presente con lo que surja. Sólo pasa un poco de tiempo con la parte y permite que revele lo que necesita expresar.

Mantente presente y curioso.

Luego extiende la **conexión compasiva** a través de una práctica meditativa de respiración de 90 segundos.

Encuentra una posición cómoda sentado en una silla o en el suelo con las piernas cruzadas. Cierra suavemente los ojos.

Una vez más, observa la parte que está contigo ahora. Nota cualquier tensión en tu cuerpo, cualquier dolor o angustia emocional.

Identifica dónde están estos sentimientos y sensaciones en tu cuerpo.

Coloca tu mano en ese espacio de tu cuerpo.

Respira profundo y percibe el sentimiento, ya sea físico o emocional, y respira con él durante 90 segundos.

Respira hacia el sentimiento que contiene esa parte.

Si está en tu pecho, respira hacia tu pecho, y al exhalar déjalo ir.

Si es tensión en tu cuello, respira hacia esa tensión, y al exhalar déjala ir.

Si tienes una sensación abrumadora de tristeza, respira hacia la tristeza, y al exhalar déjala ir.

Respira profundo hacia el sentimiento, dándole la oportunidad de expresar realmente sus emociones o dolor.

Luego suéltalo con suavidad.

Respira y siente todos los sentimientos, emociones y sensaciones.

Respira y déjalos ir.

Continúa este ciclo de respiración durante 90 segundos.

Si sientes el llamado de continuar esta respiración por más tiempo, adelante. Permite que el Ser te guíe.

Revisa las cualidades C del Ser. Ofrécele a la parte más presencia, ahora simplemente nota si tienes una sensación de calma. ¿Sientes una conexión en tu corazón? ¿Eres consciente de alguna sensación de compasión, claridad, creatividad? Tómate un momento para notar si alguna cualidad C del Ser ha surgido.

Permanece presente con las sensaciones del Ser. Mantén los ojos cerrados con suavidad y sintoniza con cualquier sensación y sentimiento que surja. No existe emoción correcta o incorrecta. Sólo observa lo que notes. En este momento, ¿eres consciente de que hay una presencia amorosa dentro de ti? ¿Eres consciente de que el Ser está contigo ahora?

Dedica un tiempo a respirar hacia estas nuevas sensaciones. Abre tu corazón para recibir más conexión y un sentimiento interno de compasión. Respira profundo y exhala por completo. Pasa un tiempo inundándote en la energía del Ser. Cuando te sientas listo, vuelve a este capítulo.

Esta práctica de respiración de 90 segundos ha sido invaluable para mí por más de 20 años. En los primeros días de mi sobriedad, luchaba con una parte Protectora muy vigilante que todo el tiempo estaba alerta. Durante ese periodo, yo estaba descubriendo el poder de usar mi respiración para aliviar mi ansiedad. El sencillo método de reconocer la sensación de ansiedad dentro de mi cuerpo y luego respirar intencionalmente esa sensación durante 90 segundos fue transformador. Cada vez que me tomaba un momento para reconocer mis sentimientos de ansiedad y respirar a través de ellos, descubría que me sentía más serena y centrada. En ese momento no sabía que esta técnica de respiración era una forma de conectarme con el Ser.

Hoy puedo ver que el Ser estaba disponible para mí a través de mi respiración, incluso en medio de ese tiempo difícil. Incorpora esta respiración consciente en tu propia práctica de revisión como una forma de fortalecer tu experiencia somática del Ser. Permite que esta revisión meditativa te ayude a comenzar a sentir realmente el Ser dentro de ti.

EL MILAGRO DEL SER

Mi práctica espiritual me ha enseñado que la definición de un milagro es un cambio de percepción: un cambio del miedo al amor. Al enseñar el proceso de revisión y los principios de SFI, he sido testigo de muchos momentos milagrosos. Una transformación particularmente asombrosa mediante el proceso de revisión sucedió durante una de mis sesiones en el centro de adicciones. Fue nada menos que un milagro. Al entrar al auditorio, camino al escenario, noté a una joven en la audiencia. Estaba sentada en su silla, recargada en el respaldo, con la cabeza inclinada hacia un lado y con los ojos en blanco. Tenía los brazos cruzados, cerrando cualquier conexión con el resto de las personas en la sala. Su postura, expresión facial y energía parecían la de una adicta deslizándose hacia la inconsciencia.

Al subir al escenario, comencé mi charla relatando mi viaje personal hacia la sobriedad que comencé a los 25 años. Compartí cómo transformé mi relación con la adicción. Expliqué que a través de SFI ahora veo que la parte adicta de mí alguna vez sirvió como un escudo para no enfrentar recuerdos traumáticos insoportables. Expresé gratitud por mi parte adicta, reconociendo el rol que desempeñó en protegerme del trauma exiliado.

Al compartir mi historia, establecí un espacio seguro y compasivo para introducir los conceptos esenciales del proceso de revisión. Expliqué sobre los Exiliados y los Protectores. Luego le pregunté a la audiencia: "¿Qué partes están en la sala con ustedes ahora mismo?".

La comunidad comenzó a nombrar partes: "La ira está en la sala", "Vergüenza", "Miedo", "Juicio", "Culpa". Luego, desde un rincón de la audiencia, escuché a una joven hablar —la misma joven que noté al entrar a la sala— y decir: "Estoy desconectada". La miré con amor y compasión y le dije: "Te entiendo. Yo también tengo una parte de mí que se desconecta".

Una vez que las personas establecieron cierta conciencia de una parte interior, las guie a través de una meditación para que se conectaran con la parte. Las ayudé a hacer una revisión y honrar los sentimientos, sensaciones y pensamientos que surgían. Luego las asistí lentamente para que exploraran con más curiosidad la parte interior con preguntas como: "¿Hay una edad, género, historia o imagen?". Luego les pedí que pusieran una mano en su corazón y la otra en su vientre y preguntaran: "¿Cómo puedo auxiliarte? ¿Qué necesitas ahora mismo?". Guie a la audiencia para que notara los sentimientos y sensaciones en su cuerpo y moviera su mano al lugar donde sentían la mayor incomodidad. Durante 90 segundos, el grupo compartió la experiencia de respirar en los sentimientos y sensaciones de sus partes.

Noté que la joven que había estado encorvada ahora estaba sentada erguida. Su mano estaba sobre su corazón y las lágrimas fluían de sus ojos. Su rostro se veía diferente. Estaba serena, liberada, tranquila. Su postura había cambiado, su mandíbula estaba relajada, y vi un resplandor áurico a su alrededor mientras las lágrimas seguían rodando por su rostro.

Terminé la meditación y le pedí al grupo que abriera los ojos despacio, y tras un momento de quietud, los invité a compartir su experiencia. La joven levantó la mano y dijo: "Nunca me he sentido a salvo en toda mi vida hasta ahora. Cuando puse mi mano en mi corazón, todo mi cuerpo se calmó. Escuché una voz interna que me decía que estoy a salvo". Las lágrimas fluían de mis ojos mientras presenciaba el cambio milagroso en su mente, cuerpo y espíritu. Era como si hubiera tenido un despertar. Su corazón estaba abierto a la parte infantil herida y exiliada dentro de ella, al Protector que se había estado desconectando a lo largo de su vida en un esfuerzo por evitar enfrentar sus heridas. Esta conexión meditativa con el Ser le ofreció la primera experiencia de seguridad interna que nunca había conocido.

Cuando la charla terminó, la joven caminó hacia el escenario para hablar conmigo. Mientras la veía acercarse, me sorprendió ver cómo había cambiado su presencia física y energética. Parecía una persona completamente distinta. Se veía joven, inocente y sin cargas. Sus ojos estaban llenos de alivio y su corazón abierto. Nos abrazamos. Mientras la sostenía en mis brazos, la escuché decir: "Éste es un punto de inflexión para mí. Esta sensación de seguridad me dio esperanza". Su conexión con el Ser, aunque sólo fuera por un momento, le brindó la posibilidad de redirigir su vida.

LA SENSACIÓN DEL SER

Cuando tienes una experiencia del Ser, obtienes una muestra de lo que es capaz. Cada vez que les prestas mucha atención a tus sensaciones físicas y experiencias internas sutiles, sin tratar de resolverlas o cambiarlas de inmediato, puedes darles espacio a tus Protectores para que se ajusten de forma natural. Cuando comienzas a encarnar más al Ser, tu diálogo interno cambia, tu cuerpo se siente abierto y tu corazón se expande. Esta conexión interna te ofrece una conexión más profunda con tus Protectores y claridad sobre lo que te están señalando. Al contactar conscientemente con tu Protector a través del proceso de revisión meditativa, establecerás una sensación interna que te indicará que el Ser está dentro de ti. Con cada suave indagación interna, establecerás cada vez más plenitud en tu interior.

Elegir al Ser a través del proceso de revisión es una práctica que puedes llevar contigo a todos lados. Tengo un ritual antes de subir al escenario. Hago una revisión para saber si alguna parte está presente en ese momento, tal vez una parte controladora a la que no le gusta cómo están colocadas las luces, o una parte infantil molesta por cómo me peinaron. En lugar de llevar estas partes al escenario conmigo, invito al Ser para que me ayude. Usando la meditación de este capítulo, respiro en los sentimientos y sensaciones durante 90 segundos. Luego invoco la energía del Ser por medio de una oración: "Gracias, energía de la verdad y compasión más elevadas, por hablar a través de mí". La revisión meditativa le da a mis Protectores la atención que necesitan, y la oración invita al Ser a unirse a mí en el escenario. Este ritual previo a cada presentación me permite sentir cómo la energía del Ser se mueve a través de mí cuando subo al escenario, como alas de ángel invisibles. Palabras más allá de las mías fluyen, una sensación de hormigueo se mueve a lo largo de mis extremidades, el tiempo se detiene y el amor fluye. Me siento conectada, compasiva y valiente. Esta conexión creativa con el Ser es uno de los sentimientos más profundos que conozco.

EL SER ESTÁ DISPONIBLE PARA TI AHORA

Reflexionar sobre este sentimiento me conecta con la energía del Ser mientras escribo estas palabras. Siento que la sensación de calma del Ser se instala en mi sistema nervioso. Tengo un suave mix de Spotify sonando de fondo. Mi hijo está dormido en su habitación. Las luces están tenues y las cortinas cerradas. Estoy en una cama segura y cómoda. Un dije de mariposa azul está sobre mi mesa de noche. Me siento espiritualmente alineada, inspirada y conectada con el Ser. Puedo soltarme y permitir que mi cerebro cambie de ritmo, alejándose de la lógica, el esquema, las lecciones. Puedo ser una fuerza de luz sin ataduras.

Mi esperanza es que, mientras lees mis palabras, sientas la energía del Ser salir de la página. Espero que sientas mi conexión contigo. Tenemos mucho en común, tú y yo. Somos exploradores, en busca de la gracia, la paz interior y una forma de vida sin miedo. La libertad que buscamos está disponible para nosotros cuando atendemos a nuestras partes y las ayudamos a asentarse. Cuando hacemos eso, nos tranquilizamos por dentro. En la quietud silenciosa recibimos la sabiduría interna, el amor y la conexión que más necesitamos. Dejamos entrar al Ser.

Abre tu corazón a esta nueva forma de vivir y confía en este plan. Un camino sencillo para ir hacia tu interior en busca de sabiduría más allá de tu lógica y razón. Un camino que te ofrece milagros. Mantente abierto, receptivo y curioso. Disfruta cada encuentro con el Ser.

Permíteme ofrecerte algo de esta energía del Ser ahora con una oración:

Que sientas compasión por ti mismo.
Que abras tu corazón a todas tus Partes.
Que experimentes la sensación de presencia en tu interior.
Que tengas fe en el Ser.

CAPÍTULO 7

Partes ansiosas

No soy ajena a la ansiedad. He experimentado el terror que recorre todo mi sistema nervioso como si fuera un cable de alta tensión. Conozco el ciclo perpetuo de pánico, miedo abrumador e incapacidad de estar en el presente. Las noches sin dormir y las primeras horas observando el amanecer sin haber dormido ni un minuto. Es esa sensación aterradora de que la ansiedad nunca disminuirá, acompañada por el impulso constante de adormecerme, controlar y distraerme de los sentimientos insoportables.

Durante casi cuatro décadas, viví con un trastorno de ansiedad no diagnosticado. Lo controlaba con meditación diaria, terapia, yoga y todo tipo de métodos de sanación holística. Aunque estas prácticas me daban alivio momentáneo, en realidad nunca abordaron la causa principal, y con el tiempo la ansiedad empezó a ganar. Dos meses después de dar a luz a mi hijo, comencé a experimentar una ansiedad extrema que se convirtió en insomnio, ataques de pánico e ideas suicidas. En lugar de volcarme hacia mi interior y explorar con curiosidad la ansiedad, dándole espacio para revelar lo que realmente necesitaba, la reprimí, hice un desvío espiritual, usé hierbas medicinales y acupuntura, y busqué todo lo posible para no enfrentar la realidad de que mi ansiedad necesitaba mi *atención*, no un remedio herbal.

Mi parte ansiosa que había estado en control durante este tiempo ya no podía esconderse, porque las condiciones bioquímicas y los detonantes extremos de sentirme fuera de control como madre primeriza provocaron que la ansiedad fuera imposible de manejar. Después de meses viviendo de Protector en Protector y anulando la ansiedad con acciones y comportamientos externos, al final no tuve otra opción que volcarme hacia dentro, rendirme y buscar ayuda profesional.

Recuerdo el día que toqué fondo. No había dormido la noche anterior, ni un minuto. Esa mañana, mi terapeuta me llamó y me dijo: "Es hora de que intervenga". Procedió a preguntar sobre la parte ansiosa, empleando la serie de preguntas de SFI que me había hecho docenas de veces antes. En esta ocasión, sin embargo, hubo un cambio notable. Había llegado a un punto en el que podía dejar ir mis mecanismos protectores y realmente conectar con mi ansiedad. Cuando preguntó: "¿Qué necesita esta parte ansiosa?", no lo dudé y respondí: "Necesita ayuda". Estas dos palabras se convirtieron en el catalizador de mi viaje hacia la sanación.

En retrospectiva, puedo ver que había otra parte que me impedía enfrentar y cuidar la ansiedad. Esa parte era la vergüenza. La vergüenza de mi enfermedad mental posparto me impidió buscar ayuda antes. La enfermedad mental produce partes defensivas que a menudo anulan las partes ansiosas y deprimidas que necesitan nuestra atención. En mi caso, la parte de la vergüenza casi me cuesta la vida.

Yo era increíblemente resistente a la idea de que podría estar lidiando con una enfermedad mental. Era difícil reconocer que, a pesar de tener acceso a numerosos recursos, me costaba mucho enfrentar el periodo posparto. Ahora puedo ver cómo la vergüenza me robó meses de mi vida y me impidió vincularme con mi hijo los primeros días. Por fortuna, toqué fondo lo suficiente para dejar que un destello de conexión con el Ser se asomara, la conexión que me ayudó a calmar la vergüenza y aceptar el apoyo psiquiátrico que en verdad necesitaba.

Mi historia revela que cuando ofrecemos a nuestras partes ansiosas una conexión con el Ser, pueden abrirse a mayores posibilidades de sanación. En mi caso, la indagación de SFI me ayudó a calmar la ansiedad lo suficiente como para ver a través de las nubes y abrirme al apoyo de un antidepresivo (inhibidor selectivo de la recaptación de serotonina). Este medicamento fue un medio para abordar la respuesta bioquímica a la depresión posparto, estableciendo una base de estabilidad interna que me permitiría embarcarme en el trabajo más profundo de los SFI necesario para sanar la causa raíz de mi condición: el Exiliado.

La naturaleza omnipresente de la ansiedad puede ser muy difícil de penetrar, sobre todo cuando uno sufre de una condición bioquímica. Nacemos con algunas condiciones bioquímicas; otras surgen del trastorno de estrés postraumático. En muchos casos, la medicación nos da seguridad interna en el camino hacia la sanación terapéutica más profunda.

En mi propia experiencia, puedo decir con confianza que me he beneficiado enormemente de los antidepresivos, pero las pastillas fueron sólo parte de la solución. La medicación me dio una idea de cómo podría sentirse la seguridad. Me dio años de vivir en un nuevo estado de paz, permitiendo que mi cerebro formara nuevas vías neuronales. Me ofreció una sensación de seguridad dentro de mi cuerpo. Sin embargo, durante todo este tiempo, fui consciente de que debajo de la medicación yacía un cable de alta tensión de ansiedad que necesitaba mi apoyo. Necesitaba mi curiosidad y conexión compasiva. Necesitaba al Ser. Mientras que la medicación me ofreció el puente hacia el alivio, la sanación duradera requería que tomara los pasos terapéuticos necesarios hacia una recuperación más profunda. Así que, ya sea que estés medicado por ansiedad o no, tendrás más alivio cuando decides hacer una revisión y permitir que el Ser ayude a la parte.

LA ANSIEDAD MERECE NUESTRA ATENCIÓN

La ansiedad es una sensación que lo abarca todo, una respuesta física y somática, un pensamiento persistente con un objetivo oculto: protegerte de desvelar heridas exiliadas más profundas. Es un Protector extremo que daña nuestra salud, sueño, relaciones, aspiraciones y bienestar general. La ansiedad está en alerta máxima, lista para distraernos de cualquier Exiliado que se active. Para muchos de nosotros, puede resultar más seguro centrarnos en la ansiedad que dejarla ir, porque inconscientemente tememos lo que yace debajo de ella.

A veces, cuando los Exiliados latentes resurgen, el miedo, el trauma y la vergüenza pueden ser demasiado abrumadores como para enfrentarlos. La ansiedad con frecuencia se convierte en la primera en responder, e irrumpe con un intenso malestar físico y emocional, suficiente para ocultar el sufrimiento subyacente y más profundo de las partes exiliadas. La sensación de ansiedad puede volverse omnipresente, y anular a otras partes para protegerse de enfrentar heridas más profundas. El Protector ansioso toma control de tu mente y cuerpo, haciendo que sea imposible concentrarte en cualquier otra cosa.

Un ejemplo de esto es mi amiga Sasha, a quien visité mientras su mamá estaba en la ciudad. "Debe ser lindo tener a tu madre aquí ayudando con los niños", comenté.

"De hecho, me siento como si quisiera salir de mi propia piel. Estar cerca de ella me pone insoportablemente ansiosa", respondió Sasha, cambiando el tono. Describió cómo su madre podía ser amable un instante y luego, sin explicación, estallar contra ella al siguiente. "Esta imprevisibilidad la viví toda mi infancia. Nunca supe qué versión de mi madre aparecería. No me sorprende haber desarrollado un trastorno de ansiedad."

La historia de Sasha reveló las raíces de su ansiedad hipervigilante, estar perpetuamente en guardia, protegiéndola contra el comportamiento errático de su madre. Su ansiedad servía como un medio para mantenerse preparada para lo que su madre pudiera hacer a continuación. Inclusive, le daba una distracción, un punto focal que la alejaba del dolor más profundo de tener un vínculo emocional fracturado con su madre. Al observar nuestras ansiedades a través de esta nueva lente, hacemos más que sólo aliviar los síntomas; iluminamos nuestras partes que viven bajo la ansiedad.

Se puede establecer un cambio si abres tu corazón para percibir tu ansiedad como una parte Protectora, en lugar de un sentimiento que no puedes evitar. Cuando elegí ver mi ansiedad como un Protector, pude dejar de rechazarla y comenzar a conectarme con ella. Al principio, abordar tus partes ansiosas puede parecer preocupante. Tu parte preocupada puede temer que prestarle atención a la ansiedad pueda exacerbarla. Sin embargo, he descubierto lo contrario. En lugar de resistir la ansiedad, lo que a menudo la intensifica, puedes observarla como una parte Protectora que necesita tu atención. Abrazar de todo corazón una parte ansiosa tal como es y hacerle un espacio para existir puede darle un alivio instantáneo.

Sanar la ansiedad implica un enfoque multifacético que necesita la guía del Ser. Lo esencial es un compromiso consciente de conectar con regularidad con la parte ansiosa, acercándote a ella con compasión y curiosidad. Este enfoque permite que la parte ansiosa se sienta vista, se suavice y revele sus necesidades genuinas.

Después de mi diagnóstico posparto, me quedó claro que la mayor parte de mi vida había vivido con una ansiedad extrema y debilitante. Manejar la ansiedad me dejaba sintiéndome impotente, enferma y como un hámster en una rueda repitiendo la misma acción día tras día. Estaba tan fusionada con el Protector ansioso que no tenía idea de que había otra forma de vivir. Nadie me enseñó que mi ansiedad era el efecto de heridas más profundas; simplemente me dejaron con ella.

Con frecuencia las personas están tan fusionadas con su parte ansiosa que piensan que no hay salida. Nuestras partes Protectoras han desarrollado roles tan fuertes dentro de nuestro sistema interno que ya no sentimos que pueda haber otra forma. Asumimos los roles de nuestros Protectores como si éstos definieran quiénes somos. Creemos que somos personas ansiosas y que así son las cosas. Nuestras partes han aceptado sus roles extremos y creen que si dejan de hacer lo que están haciendo, estarán en gran peligro. Las partes se aferran con tanta fuerza a sus roles que la idea de hacer algo diferente puede ser aterradora.

TODOS TENEMOS PARTES ANSIOSAS

Es difícil estar vivo y ser inmune a la ansiedad. Todo lo que tienes que hacer es mirar tu teléfono y al instante te inundará el cortisol. Hace unos meses, un amigo me mostró una aplicación que rastreaba los valores de estrés. Tenía un elemento de gamificación donde podías probar tus valores viendo una escala en la aplicación. Si llegabas a la zona roja de la escala, significaba que tu estrés estaba aumentando. Si estabas conectado a tu respiración y te relajabas conscientemente, la escala se volvía verde. La probé y quedé asombrada por los resultados. Durante los primeros 30 segundos, pude mantenerme en la zona verde, regulando mi sistema nervioso respirando profundo y exhalando por completo. Luego vi una notificación en mi teléfono. En el segundo en que desvié mi atención para apagar la notificación, la escala se volvió roja, ¡muy roja! En un instante pasé de una calma zen a una ansiedad extrema. Me sorprendió lo rápido que mi fisiología respondió al simple acto de apagar una notificación del teléfono. A partir de ese momento, me volví consciente del cambio en mis sentimientos cada vez que veía mi teléfono. Esta nueva conciencia me dio la oportunidad de ver cuánto estrés pueden sumar nuestros teléfonos a nuestra vida.

La vida moderna está llena de estos factores de estrés diarios, y la mayoría de las personas no tienen ninguna conciencia de cómo aliviarlos. Por eso creo que éste será el capítulo al que volverás una y otra vez. Mi esperanza es brindarte un proceso para relacionarte con tu ansiedad de una manera completamente nueva. Ya sea que tengas acceso a apoyo terapéutico o no, tienes el Ser. Sigue los pasos y permite que el Ser ayude a tu parte ansiosa.

VUÉLVETE AMIGO DE LA ANSIEDAD

Una vez me dirigí a una audiencia de dos mil personas y les pregunté si habían experimentado ansiedad en la semana anterior. Un sí resonante inundó la sala. Luego les pedí que compartieran sus sentimientos sobre su ansiedad. Sus respuestas incluyeron "Frustrado", "Asustado", "Enojado", "Molesto", "Aterrorizado". Mientras escuchaba sus respuestas, observé una energía de conexión que se apoderó de la sala. Todos estábamos hablando por una parte que de alguna manera había afectado nuestras vidas de forma significativa. Una sala llena de extraños tenía una conexión compartida. Dentro de mí noté que mi corazón se abría al grupo, mientras una energía compasiva y conectada comenzaba a fluir a través de mí. "No están solos, amigos míos. Sientan la conexión en la sala ahora mismo. Todos estamos juntos en esto". Palabras de compasión comenzaron a fluir de mí: "Entiendo su sufrimiento y honro su experiencia. Sé lo aterrador que ha sido no saber cómo ayudar a sus partes ansiosas. Una vez más, sientan la conexión en esta sala. Nuestra ansiedad nos está hablando; quiere llamar nuestra atención. Tomemos un momento ahora para cerrar los ojos, enfocar nuestra atención hacia nuestro interior y ofrecer a nuestra ansiedad un espacio para hablar de lo que necesita".

Después de este flujo canalizado, guie al grupo en esta práctica de revisión con la parte ansiosa:

Enfoca tu atención hacia tu interior y encuentra dónde reside la ansiedad en tu cuerpo.

Luego coloca tu mano en esa parte de tu cuerpo, dándole tu atención.

Observa los sentimientos y sensaciones. ¿Hay tensión o dolor? ¿Vinculas algún color con ello?

Tómate un momento para respirar profundo en el sentimiento o sensación de la ansiedad. Luego exhala.

Conéctate más ahora, siente más profundo el sentimiento de ansiedad. Respira en el sentimiento y exhala por completo.

Inhala.

Exhala.

Inhala por la nariz.

Exhala.

Dale a tu parte ansiosa más respiración durante un minuto más.

Al completar esta meditación espontánea guiada por el Ser, le pedí al grupo que abriera suavemente los ojos. "¿Cómo se sienten ahora?", pregunté.

Las cualidades del Ser ahora llenaban la sala; "Siento alivio", "Libertad", "Expansividad", "Compasión", "Conexión", "Calma".

En una meditación de tres minutos, un grupo de dos mil personas cambió su percepción de temer a su ansiedad a hacerse amigo de ella. Pasaron de sentirse aislados a sentirse conectados. De estar frustrados con su ansiedad a sentir compasión por ella. La energía creativa del Ser me motivó a compartir esta meditación, que a su vez activó la energía de autosanación del grupo. La meditación ofreció una forma de ver su ansiedad a través de la lente de la compasión y una práctica a la que podían recurrir por el resto de su vida. Esta práctica de revisar con su ansiedad y conectarse de manera compasiva con ella significaba que ya no necesitaban temerla. Con una herramienta de alivio en su bolsillo, ya no se sentían controlados por su ansiedad, sino que estaban relacionados con ella.

Quiero ofrecerte ahora este cambio milagroso. ¿Y si pudieras hacerte amigo de tu ansiedad en lugar de luchar contra ella?

REVISA TU PARTE ANSIOSA

Si estás abierto a explorar esta perspectiva, tomemos un momento para revisar. Lleva suavemente tu atención hacia tu interior, observa si hay alguna disposición para darle atención a tu ansiedad. Si te resulta cómodo aceptar la idea de que tu ansiedad podría ser una parte Protectora, y estás dispuesto a trabajar con ella, te animo a seguir con el proceso de revisión de la ansiedad. Sin embargo, si por alguna razón esto te resulta desencadenante o abrumador, te sugiero que sólo leas esta sección y te abstengas de practicar los pasos. Siempre puedes volver a ello cuando te sientas listo.

Verás que en este proceso específico de revisión, a los pasos con los que ya estás familiarizado he añadido algunos elementos relacionados con la ansiedad. Estos pasos adicionales se pueden aplicar al trabajar con cualquier parte, pero te recomiendo que les prestes especial atención cuando estés revisando una parte ansiosa.

Para escuchar el audio guiado de esta práctica, en inglés, visita DearGabby.com/SelfHelpResources.

ESTABLECE UNA BASE SEGURA

Con frecuencia, la ansiedad nos tiene tan atrapados que no podemos recordar que tenemos la opción de revisar. Con eso en mente, te sugiero que tu primer paso sea establecer una sensación de seguridad.

La forma más rápida de ofrecerle a tu ansiedad una base de seguridad es a través de tu respiración. Andrew Huberman, neurocientífico de Stanford, enseña una técnica de respiración de cinco segundos para reducir la ansiedad y el estrés. Si le pides a alguien que sufre ansiedad que tan sólo respire profundamente y se relaje, su respuesta podría ser: "¡Sí, claro, buen intento!". Tal vez estés teniendo esa respuesta ahora mismo. En lugar de saltarte este paso, dame sólo dos respiraciones y podemos crear una nueva base de calma en tu sistema. Cuando estás ansioso o estresado, tu respiración se vuelve superficial, y a veces incluso puedes sentir como si te estuvieras asfixiando. Esta práctica de respiración es muy útil porque activa la respuesta de relajación del cuerpo, que es lo opuesto a la respuesta de estrés.

Cuando estás atrapado en un ataque de ansiedad o tu respiración es superficial y angustiada, incluso puede ser difícil optar por revisar cómo está esa parte. Por eso he elegido comenzar este proceso específico de revisión con tu respiración.

Funciona así:

- Haz dos respiraciones rápidas por la nariz, inhalando rápido.
- Luego exhala despacio por la boca, con una exhalación completa.
- Practica este patrón de respiración al menos dos veces, y continúa más tiempo si te resulta útil.

Una vez que notes una sensación de alivio o un patrón de respiración más profundo y conectado, sabrás que estás listo para el siguiente paso.

ELIGE REVISAR PIDIENDO PERMISO A LA PARTE ANSIOSA

Antes de iniciar el proceso de revisión, pide permiso a tu ansiedad para revisarla. La ansiedad es una parte extrema que puede ser abrumador enfrentarla. Elegir revisar tu ansiedad puede dar miedo y podría invitar a más Protectores al proceso. Por eso, te sugiero que seas gentil, que vayas despacio y pidas permiso. Pregúntale a tu parte ansiosa si está bien que procedas a la revisión. Si la respuesta es no, continúa con la práctica de respiración hasta que sientas una mayor seguridad. Luego, puedes preguntarle a la parte ansiosa si quiere hacer la revisión. (Está bien si sólo respiras y no avanzas para nada al proceso de revisión. Haz lo que te parezca mejor dentro de ti.)

Curiosidad. Pregúntale a la parte ansiosa esta serie de preguntas:

- ¿Qué sentimientos, pensamientos o sensaciones están presentes?
- ¿Cuánto tiempo ha estado presente tu ansiedad?
- ¿Qué la detona?
- ¿Qué teme tu ansiedad que suceda si la dejas ir?
- Si tu ansiedad no estuviera en este rol extremo, ¿qué más podría estar haciendo?
- ¿Existe algo más que tu ansiedad quiera que sepas? Dedica todo el tiempo que necesites para conocer esta parte ansiosa.

Conéctate compasivamente. Ahora tómate un momento para colocar una mano en tu corazón y la otra en tu vientre y crea conexión con compasión. Pregúntale a la parte ansiosa: "¿Qué necesitas ahora mismo?".

Escucha a la parte mientras revela lo que necesita. Si en algún punto de este proceso comienzas a sentirte bloqueado, simplemente pregunta a la parte por qué. El proceso está liderado por tu disposición a permanecer curioso. Recuerda, las partes son como niños pequeños: una vez que comienzan a hablar, continúan abriéndose. A esta parte ansiosa dale permiso para hablar y compartir lo que necesite.

REVISA LAS CUALIDADES C DEL SER

Tómate un momento para reflexionar sobre cómo te sientes ahora respecto de tu ansiedad. ¿Notas que eres más suave con ella? ¿Tienes alguna sensación de calma? ¿Hay un atisbo de compasión ahora que sabes más sobre tu ansiedad? ¿Qué cualidades C (compasión, conexión, claridad, creatividad, calma, coraje, curiosidad, confianza) notas? Anota cualquier cualidad C que haya surgido y honra la energía del Ser que está disponible para ti ahora. Abre tu diario y tómate un tiempo para escribir sobre tu experiencia. Escribir sobre cualquier sensación o conexión con la energía del Ser es poderoso porque la próxima vez que te sientas paralizado por la ansiedad, puedes releer tu diario y recordar que el Ser siempre está allí para ayudar.

RELACIÓNATE CON TU ANSIEDAD

La ansiedad funciona como un Protector común en la mayoría de nuestra vida, y a menudo se integra tan perfectamente con nuestra existencia que llegamos a creer que nunca desaparecerá. Por eso, recomiendo priorizar las revisiones regulares con tu parte ansiosa. Al hacer esto de forma constante, le ofrecerás la atención que necesita y una manera de interrumpir el patrón de ansiedad.

Es probable que la ansiedad haya cumplido un rol protector en tu mundo interno desde que puedes recordar. Ten en cuenta que la ansiedad responde con rapidez a cualquier factor detonante de tu pasado reprimido, redirigiendo tu atención de esos Exiliados internos a una sensación física abrumadora. El proceso de desentrañar la respuesta de la ansiedad requiere compromiso y práctica. Sin embargo, conforme comiences a experimentar el alivio que ofrece, naturalmente te inclinarás más hacia él, y la práctica se convertirá en tu segunda naturaleza.

Incorporar esta práctica en mi rutina matutina, calmando mi ansiedad desde la mañana, me permitió comenzar cada día con un espíritu tranquilo y un corazón abierto, una conexión con el Ser, y ayudó a que mis otros Protectores también se relajaran. Sin importar lo ocupadas que fueran mis mañanas, descubrí que tenía más energía y mejor concentración. Podía preparar a mi hijo para la escuela sin esfuerzo y ser más cariñosa con mi esposo. Comenzar mi día sin ansiedad también reducía significativamente el estrés matutino de mi hijo. Los niños siempre se están corregulando con nuestra energía y nuestras partes, así que cuando mi parte ansiosa estaba tranquila, Ollie se sentía más tranquilo y su propia parte ansiosa permanecía inactiva. El mismo impacto positivo se extendía a mis compañeros de trabajo. Estaba más paciente y relajada, permitiendo que otros también tuvieran la oportunidad de sentirse tranquilos. Todo porque comenzaba mi día entablando amistad con mi parte ansiosa. Una excelente manera de prepararte con la energía del Ser al inicio de tu mañana es practicar la meditación de las partes ansiosas. Para escuchar el audio guiado de esta práctica, en inglés, visita DearGabby.com/SelfHelpResources.

Era tan exitosa mi revisión de la ansiedad por la mañana que comencé a practicarla durante todo el día. Se ha convertido en una parte tan natural de mi rutina que ahora reviso en automático. Durante una llamada de trabajo, noto cuándo estoy conteniendo la respiración, una señal de que mi parte ansiosa ha tomado el control. En esos momentos, tan sólo respiro profundamente y me sintonizo. Es un proceso rápido y sutil que pasa desapercibido para los demás. Cambio con rapidez mi atención hacia mi interior y cultivo una sensación de conexión compasiva. He perfeccionado la habilidad de autorregularme en el momento y volver a un estado de calma interna. No se presenta siempre, pero cuando sucede es milagroso.

Incluso en casos extremos, cuando mi Protector ansioso está en alerta máxima, todavía tengo la conciencia plena de que puedo realizar la revisión con él. Antes me llevaba una semana superar mi parte ansiosa y ahora me toma menos de una hora. Tengo suficiente conciencia y conexión con la experiencia somática de esta parte que puedo elegir revisar mucho más rápido que antes.

Si descubres que revisar tu ansiedad te da alivio, te recomiendo ampliamente que lo conviertas en una práctica regular. Sigue volviendo a este proceso una y otra vez. No subestimes el impacto profundo de redirigir tu atención hacia tu interior y pedir con compasión que tu parte ansiosa revele sus necesidades. Estas partes son notablemente sabias y tienden a abrirse cuando se les da la oportunidad. Brindarle a tu ansiedad el espacio para respirar y conectar con ella somáticamente es un método poderoso para desacelerar la respuesta al estrés y calmar tu sistema nervioso. Y una vez que sientas incluso el más mínimo alivio, extiende una conexión compasiva a tu parte ansiosa.

Cuanto más practico estos pasos, menos miedo tengo de mi ansiedad. Ahora sé cómo calmar mi sistema nervioso, tranquilizarme y revisar compasivamente las partes ansiosas que surgen en mi interior. Saber que tengo una herramienta para calmar mi ansiedad me ha dado la libertad de vivir y confiar en que hay una manera de superar cada bloqueo ansioso. Con esta práctica, ya no soy víctima de mi ansiedad; en cambio, puedo conectar con ella y ofrecerle la presencia del Ser. Sé y confío en que cada vez que surjan mis partes ansiosas, el Ser puede ayudar.

EL SER SIEMPRE ESTÁ AHÍ PARA AYUDAR

Hace poco leí una frase de un predicador que decía: "Todo lo que tus hijos quieren de ti es tu amor incondicional". Lo mismo sucede con las partes. Sin nuestra curiosidad y atención, las partes permanecen estancadas en sus roles indeseables, manejando nuestras vidas y apagando incendios. Pero cuando entramos en el proceso de revisión y comenzamos a preguntarles a las partes qué necesitan, en lugar de pasar por alto su sufrimiento, las partes se sienten amadas y respetadas. Quieren ser amadas incondicionalmente, y eso es lo que el Ser ofrece. Aunque al inicio estos momentos de conexión amorosa con el Ser pueden ser breves, son profundos. Cada vez que una parte Protectora siente la energía del Ser, tu sistema interno y tu cerebro tienen una nueva experiencia. Una experiencia de amor incondicional. Este proceso crea nuevas vías neuronales y una nueva forma de percibirte a ti mismo. Tu confianza en los breves encuentros con el Ser es suficiente para poner en marcha un cambio transformacional y duradero.

Conectarse con la presencia del Ser permite que nuestras partes ansiosas se aclaren y se empoderen al saber que existe una salida al sufrimiento: la salida es entrar. Cuando establecemos cualquier forma de conexión con nuestras partes ansiosas, podemos verlas de manera diferente. Gran parte de nuestro miedo a la ansiedad proviene del temor a no saber qué hacer para que se detenga. Cuando aceptamos que no tenemos que detenerla, sino que podemos conectarnos con ella, podemos recibir una gran claridad del Ser.

Las partes Protectoras están apegadas a sus roles y dependen de ellos de muchas maneras para mantenerse "a salvo". Pero cuando les prestas atención, la curación se vuelve posible. Si, aunque sea por un momento revisas con calma al Protector, puede surgir la probabilidad de alivio. Quiero que sepas que la esperanza siempre es posible y que el Ser siempre está ahí para ayudar. En momentos de crisis puede parecer imposible conectarse con el Ser, por eso es tan importante hacer de la autoayuda una práctica. Cuanto más apliques los principios de la autoayuda, más aprenderás a confiar en el Ser para que esté ahí, sobre todo en tus momentos más difíciles.

Si en algún momento te sientes abrumado por una parte ansiosa, considera revisar y probar esto: dobla la esquina de esta página del libro y vuelve a ella cada vez que estés en un momento difícil de ansiedad. Coloca tu mano en tu corazón, respira hondo y permite que la energía del Ser expresada en mis palabras te calme.

Hola, mi amigo. Estoy aquí, estoy contigo y te veo. Respira hondo y suelta. Continúa este ciclo de respiración mientras te conectas con mis palabras. En este momento puedes dejar que mis palabras sean tu guía. Confía en que el poder del Ser puede ser transferido a través de esta página. Siente mi presencia tranquila. Observa cómo mi energía amorosa se transmite energéticamente a través de esta página. Permite que mi energía del Ser fluya para ti ahora. Estoy aquí para recordarte que no estás solo. Estás conectado conmigo y con todas las demás personas que leen este libro. Tu parte ansiosa sólo quiere darte información y llamar tu atención. Ofreciéndole suavemente tu más leve aliento, puedes dejar que el Ser te ayude a sentirte en calma. Estoy orgulloso de tu coraje para leer este pasaje y de tu claridad de que hay ayuda dentro de ti. Al leer mis palabras, estás permitiendo que el Ser te ayude ahora. No estás solo. La energía del Ser está aquí contigo ahora mismo. Tienes esta conexión dentro de ti, y permites que cada frase te recuerde esto. Inhala profundo y exhala por completo. Estoy infundiendo conscientemente estas palabras con energía del Ser, y confío en que el flujo de energía se transmita en esta página. Estás seguro, eres visto, eres amado y estás conectado con la energía siempre presente del Ser. No estás solo.

Espero que este pasaje te ofrezca una sensación de conexión, compasión y calma. Si sientes apoyo, te sugiero que vuelvas a él.

Cada vez que le ofreces a tu parte ansiosa la oportunidad de revisar los pasos, le estás dando el mensaje de que el Ser puede ayudar. Cuanto más revises, más segura se sentirá tu parte ansiosa y más confiará en que el Ser puede ayudar. Presta atención a los momentos de alivio, permitiendo que cada pequeña conexión con la energía del Ser actúe como una prueba espiritual de que estás siendo guiado. Nos volvemos claros y empoderados al saber que hay una salida a nuestro sufrimiento: la salida proviene de revisar.

EL CORAJE PARA SANAR

Cuando estaba terminando este capítulo, llevaba cinco días en el proceso de reducir poco a poco mi medicamento para la ansiedad y me sentía segura de seguir el plan que mi psiquiatra había trazado para mí. Reconozco plenamente que dejar el medicamento no funciona para todos; para muchas personas, depender de éstos para obtener apoyo es crucial e indispensable. En mi caso, durante los cuatro años siguientes a mi diagnóstico de ansiedad posparto, me beneficié muchísimo del apoyo de un antidepresivo. En cierto punto, tenía sentido para mí dejar el tratamiento. Sin embargo, no apresuré el proceso. En cambio, permití que el medicamento creara una base de seguridad para poder embarcarme en el viaje terapéutico más profundo de conectar con los Exiliados que mi ansiedad había ocultado durante tanto tiempo. Mi dedicación a entender mis partes y fortalecer mi confianza en el Ser creó una nueva base de seguridad interna, e infundió la creencia de que podía reducir mi medicación de forma gradual y suave con la orientación de un psiquiatra y mi confianza interna en el Ser.

No es coincidencia que cinco días después de comenzar el proceso de reducción, estuviera trabajando en este capítulo. Creo que fue una guía espiritual divina y un recordatorio gentil de que el Universo me respalda cuando estoy alineada con el Ser. Podía sentir la energía del Ser que se necesitaba para dejar el apoyo del antidepresivo y hacer este gran cambio en mi vida. Reconocí el **coraje** liderado por el Ser que me dio la fe para comenzar el proceso. Tenía **claridad** sobre la importancia de llevar a cabo este proceso de forma gradual. Era fundamental darme tiempo suficiente, quizá tanto como un año, para disminuir la dosis, permitiendo que la energía del Ser me apoyara. Estoy agradecida por la **conexión** con mi sistema interno que me dio señales de cuándo necesitaba reducir la velocidad o pedir ayuda. Mi acceso a la energía **calmada** del Ser siempre estaba listo para mí en cuanto me sintonizaba con mi respiración. Cada paso del proceso de revisar estaba allí para apoyarme mientras reducía la dosis. Sentía **confianza** de que podía recorrer el camino de manera segura, y mi parte ansiosa estaba llena de esperanza, sabiendo que estaba guiada por el Ser.

CAPÍTULO 8

Partes del cuerpo

"¿Qué te pasa?", pregunto, mirando a mi esposo mientras nos dirigimos a la cena de Acción de Gracias en casa de mis suegros. Él está en el asiento del conductor, con el ceño fruncido y los hombros tensos.

"Me duele la espalda", responde.

Éste es un intercambio común entre nosotros. Tengo una parte que es hipervigilante sobre el bienestar de Zach, y que con frecuencia intenta manejar sus emociones para regular las mías. Por otro lado, Zach tiene una parte que le genera un considerable malestar, una parte que en realidad dirige su vida: el dolor de espalda.

Mientras escribo, ya puedo imaginarlo leyendo esto por primera vez. Soy consciente de que este ejemplo en particular podría molestarlo. Mi instinto es borrarlo y empezar de nuevo. Sin embargo, en lugar de evitar su reacción, ¿qué tal si escribo este capítulo *para* él? Y no sólo para él sino para todos nosotros, para cada persona que lucha con cualquier forma de dolor crónico o condición.

Me siento con esto en mente y escucho una voz interior que dice: "Adelante, Gabby, escríbelo por su espalda, escríbelo por tu mandíbula, escríbelo por todas las partes físicas Protectoras que necesitan una nueva perspectiva". Acepto el mensaje interno y permito que se instale.

Está bien, lo tengo claro. Para Zach, y para todos nosotros que sufrimos de cualquier forma de dolor físico, aquí hay una nueva perspectiva...

LA CONEXIÓN MENTE-CUERPO

Piensa por un momento en cualquier dolor crónico o condiciones físicas que se manifiesten en tu propia vida. ¿Tienes dolor de espalda o cuello? ¿Tienes problemas de estómago? ¿Estás lidiando con alguna condición autoinmune crónica? ¿Tienes problemas de piel? Ahora tómate un segundo para considerar qué está pasando en tu vida cuando estas condiciones se agravan. ¿Estás estresado en el trabajo cuando te duele la espalda? ¿Se te hace un nudo en el estómago cuando te sientes ansioso por algo que no puedes controlar? ¿Estás sufriendo angustia emocional cuando tu condición autoinmune se exacerba? Tómate un momento para reflexionar sobre los patrones situacionales y emocionales que se despliegan cuando experimentas estos problemas físicos.

¿Notas algún tema común en torno a lo que sucede cuando experimentas estas condiciones? ¿Es posible que el estrés contribuya? ¿Podría ser que tu cuerpo esté respondiendo a una perturbación emocional? ¿Es probable que tu condición física sea una respuesta a la ira o el enojo reprimido?

Si eres alguien que ha luchado con dolor crónico o una condición física continua, el simple concepto de que podría haber un componente psicológico en tu dolor en realidad podría hacerte enojar. Sobre todo en las culturas occidentales —que hemos llegado a depender de un enfoque alopático para la curación— puede ser difícil comprender la idea de que las condiciones físicas podrían estar protegiéndonos contra perturbaciones emocionales. Cuando alguien está en medio de una crisis física, incluso puede parecer desconsiderado sugerir que el dolor proviene de sentimientos no permitidos. Sin embargo, cuando estamos atrapados en el dolor crónico, casi siempre estamos dispuestos a hacer lo que sea necesario para experimentar alivio. Así que sube a la ola de esa disposición ahora y mantén una mente abierta. Mantente curioso acerca de lo que yace debajo del dolor. Y permanece abierto a la idea de que el Ser puede ayudarte a abordar lo que te aqueja en tu cuerpo físico: hay evidencia de que los tratamientos inspirados en SFI no sólo alivian la experiencia subjetiva del estrés, sino que también reducen de manera cuantificable los valores sanguíneos del cortisol, la hormona del estrés.[1]

Sé muy bien cómo el dolor físico y las condiciones consumen todo, ocupando tu tiempo y distrayéndote de vivir una vida alegre. Pero *distrayendo* es la palabra operativa. Desde una perspectiva de SFI, el rol del Protector es distraerte de las emociones exiliadas (trauma reprimido, ira, miedo, vergüenza, etcétera). Mientras estemos distraídos, no tenemos que enfocarnos en la condición de la causa raíz: el dolor psicológico interno.

De ninguna manera sugiero que tu dolor físico o sufrimiento no esté sucediendo; sólo digo que mires más profundo lo que hay debajo. Existe una respuesta fisiológica a las emociones reprimidas, y se llama estrés. Cuando estás emocionalmente detonado por un sentimiento exiliado, tu sistema nervioso entra en una respuesta de estrés: lucha, huida o parálisis. Esta respuesta de estrés enviará silenciosamente a tu cuerpo a un estado desregulado que puede encender una miríada de problemas físicos como dolor de espalda, problemas gastrointestinales, y más. La respuesta al estrés crea inflamación, tensión y una desaceleración del sistema digestivo. En este estado de estrés, uno está experimentando síntomas físicos que pueden requerir atención médica. Con frecuencia, tras el diagnóstico médico te darán una pastilla, una inyección o incluso una cirugía para apagar el fuego del dolor. Pero ese fuego sólo puede extinguirse temporalmente, si es que se extingue. El enfoque moderno hacia el dolor y las condiciones proviene de la pregunta: "¿Cómo podemos arreglar esto?". Pero ¿y si en lugar de eso consideraras contemplar: "¿Qué hay detrás de esto a nivel emocional?".

De nuevo, no estoy tratando de minimizar tu dolor, cuestionar tu diagnóstico o sugerir que no escuches a tu médico. De hecho, estás teniendo un problema físico. Pero permíteme preguntarte esto: "¿Cómo te ha estado yendo con ese enfoque?". Si tu respuesta es cualquier cosa menos: "Increíble", considera esto: en lugar de sólo tratar de arreglar tus condiciones físicas, podrías optar por revisarlas. Quizá podrías aliviar la presión sobre tu cuerpo al explorar con curiosidad las perturbaciones emocionales subyacentes que podrían estar detonándola. Cuando reconoces el rol protector que desempeña el cuerpo, abres tu conciencia a un camino psicológico liderado por el Ser hacia el alivio que aborda la condición subyacente: la angustia emocional exiliada.

CONSIDERA EL CUERPO COMO UN PROTECTOR

A lo largo de mi trayecto terapéutico, me han apoyado las enseñanzas del Dr. John Sarno, el renombrado autor de *Libérese del dolor de espalda* y el creador del síndrome miofascial de tensión o síndrome mente-cuerpo (TMS, por sus siglas en inglés). La tesis del trabajo del Dr. Sarno es que la causa subyacente del dolor son los mecanismos de defensa de la mente contra emociones no permitidas como la ira, la ansiedad y el miedo. La idea es que el dolor físico y las condiciones crónicas suprimen emociones no deseadas en el inconsciente. Cuando la atención se dirige al dolor, se desvía el enfoque, suprimiendo así las emociones exiliadas.

Según el Dr. Sarno, en un esfuerzo por acabar con estos pensamientos inconscientes, el cerebro enfoca el dolor consciente en un síntoma físico, como el dolor de espalda o de cuello, la tensión en la mandíbula e incluso otros síntomas como problemas gastrointestinales, trastornos autoinmunes, etcétera. En lo que él denominó *síndrome de distracción*, el cerebro se enfoca en el dolor, lo cual funciona para proteger contra perturbaciones psicológicas extremas, actuando como un distractor. Si el cerebro se enfoca en el dolor, se corta el flujo sanguíneo, provoca estrés, incrementa la inflamación y el cuerpo responde con más tensión. Con el tiempo, el dolor o la condición empeoran. Cuando sufrimos de dolor físico o una condición física indeseable, hay un solo enfoque: la condición dolorosa. Aunque nos demos cuenta o no, muchas veces puede sentirse más seguro sufrir de dolor físico que enfrentar las emociones exiliadas que subyacen.

Con frecuencia, el dolor es una respuesta de primera línea cuando se activan los Exiliados vulnerables, funcionando como un mecanismo de defensa contra amenazas o daños percibidos. Desde una perspectiva de SFI, al abordar el dolor corporal con empatía, curiosidad y atención plena, puedes descubrir las intenciones protectoras detrás del dolor. Puedes participar en un diálogo curativo con estas partes y transformar tu relación con el dolor abordando la angustia emocional subyacente. Si les ofreces curiosidad y conexión compasiva a tus partes Protectoras físicas, entonces ayudas a suavizar los bordes.

El Dr. Sarno ha puesto énfasis en no ignorar los síntomas físicos, y aconseja a los pacientes que sigan medicados y se apeguen a los protocolos médicos mientras adoptan una nueva perspectiva. Comparto el mismo sentimiento. Mientras creo con firmeza en los efectos psicosomáticos en el cuerpo y reconozco estos aspectos como Protectores, también confío en los profesionales médicos y me beneficio de su apoyo. Es crucial hacer hincapié en que el enfoque que estamos discutiendo en este capítulo no pretende reemplazar un enfoque médico tradicional, sino complementarlo y apoyarlo. Las dos perspectivas pueden trabajar en armonía para mejorar el bienestar general.

En mi caso, mi trauma reprimido me ocasionó graves problemas gastrointestinales. En momentos agudos de angustia física, tuve que depender de los médicos para ayudarme. El enfoque médico para la curación me dio alivio temporal y apagó el fuego. Sin embargo, no era la solución al problema subyacente. Curar las emociones reprimidas sí lo era.

El momento de mi vida en el que mis problemas gastrointestinales fueron los peores fue el momento exacto en el que recordé un trauma sexual reprimido de mi infancia. En los meses previos al recuerdo, mi estómago era un desastre absoluto y me diagnosticaron gastritis. Era como si el ácido estomacal estuviera erosionando el revestimiento de mi estómago, igual que el recuerdo estaba carcomiendo mi psique. Cuando al fin recordé, me enfrenté de forma directa con el Exiliado que había estado tratando de proteger durante tanto tiempo. Estaba aterrorizada por los sentimientos que enfrentaba, y mi estómago se inflamó más que nunca. No podía comer sin un dolor extremo, y sufrí de acidez hasta el punto de perder la voz por el reflujo. Mi estómago acaparó la mayor parte de mi atención. Era todo en lo que podía concentrarme. ¿Por qué? Porque me estaba protegiendo de enfocarme en las emociones exiliadas que habían surgido. Mi dolor estomacal me distraía del dolor emocional más terrible. El fuego en mi vientre era una distracción extrema de mis partes exiliadas reprimidas.

A través de mi indagación interna, llegué a ver cómo mis síntomas estomacales aparecen en respuesta al estrés, al miedo o cada vez que me activaba. Siempre que me rebasaba una respuesta de trastorno de estrés postraumático, mi estómago se retorcía. Luego, toda mi atención se centraba en el dolor estomacal. Obsesionarme con mi estómago redirigía mi enfoque del Exiliado activado hacia mi cuerpo. Mi estómago era un Protector.

Mientras mis condiciones estomacales trabajaban arduamente para distraerme de los recuerdos resurgidos, el dolor también me estaba destruyendo. Más tarde tuve que encontrar una solución a largo plazo para la condición crónica. Fue entonces cuando me rendí por completo a sanar mi cuerpo curando el trauma. Al dedicarme al viaje de sanación de mis partes internas exiliadas, desvié mi atención del cuerpo físico para enfrentar y abordar mis emociones reprimidas, la causa raíz del estrés. Esta redirección radical me ofreció el camino hacia el alivio.

LA CONCIENCIA ES EL PRIMER PASO

Tengo otra parte Protectora que ha estado presente desde que tengo memoria. Esta parte se activa en exceso, y aprieta con fuerza para mantener todo intacto, lo que se manifiesta como tensión crónica en la mandíbula. Durante décadas, esta tensión en la mandíbula ha trabajado día y noche, ejerciendo presión todo el día y toda la noche. Ha roto mis dientes, ha causado un trastorno de mi articulación temporomandibular e incluso afectado mi salud vocal. Con el tiempo los síntomas se volvieron tan graves que ya no pude ignorarlos. Tuve que sentir curiosidad por lo que había debajo de esa presión incesante de los dientes: abrir mi corazón para saber más.

A través del apoyo de SFI, llegué a aceptar que no era sólo un síntoma físico, sino *una parte Protectora*. La tensión en la mandíbula siempre está en el fondo, apoyando en silencio, protegiendo.

Busqué alivio, y al final opté por darle a mi mandíbula algo de atención: decidí dejar de ignorarla y, en cambio, revisarla. Me dio curiosidad al respecto: *está tensa; está rompiendo dientes; se siente desesperada; apretando; dolorosa; está triste.* Me incliné hacia la tristeza. *¿Qué más sé sobre esa tristeza? Cree que si no está apretando, no está segura.* Con más curiosidad todavía, escuché hablar a la tensión de la mandíbula: *Estoy aterrada, soy joven y tengo miedo. Estoy jodidamente aterrada. No quiero soltar.* Entonces le pregunté a la parte de la mandíbula tensa: "¿Qué necesitas?" *¡Necesito protegerme!*

En mi primera conversación con la tensión de la mandíbula yo estaba fusionada con la parte, pero incluso noté que un toque de energía del Ser se manifestó: sentí una ligera sensación de alivio.

Tan sólo con enfocar mi atención en el síntoma físico y verlo como un Protector, pude darle espacio para que se suavizara. Por primera vez, logré escuchar a mi tensión de la mandíbula como un Protector y entender por qué estaba trabajando tan duro. En lugar de etiquetarlo como un síntoma físico, elegí atestiguarlo como una parte. En lugar de ignorarlo o hacerlo a un lado, pude estar con él.

Podía percibir esta parte como una niña que luchaba con desesperación por mantener un sentido de seguridad. No creía que hubiera otra manera. Creé un espacio de apoyo para que compartiera su tristeza, incluso permitiendo que fluyeran las lágrimas.

Mi elección y valentía para atestiguar la tensión de la mandíbula como un Protector me dieron una perspectiva fresca y clara, junto con una sutil sensación de alivio. Un pequeño alivio fue suficiente para iniciar el viaje de permitir que el Ser ayudara. El objetivo de este proceso no era forzar al Protector de la mandíbula a salir de su rol, sino comenzar a aceptar que la tensión física era una respuesta psicosomática a la tristeza reprimida, el miedo e incluso la ira. La tensión de la mandíbula no era un síntoma, era un Protector. Esta revelación me ofreció la energía del Ser de compasión y claridad, y reconocí cuánto había trabajado mi mandíbula para mantenerme a salvo.

PERMITÍ QUE EL DOLOR HABLARA

A lo largo de la pandemia de covid-19 en 2020, como fue el caso de muchas personas, mis Exiliados y Protectores se activaron. En particular, mi mandíbula estaba apretando más que nunca. Sabía que el estrés de ese tiempo causaba un aumento de la tensión física, así que me comprometí a escuchar las emociones detrás de la tensión. Durante un año usé mi diario con dedicación para desenterrar la ira y las emociones ocultas debajo del dolor. Llamé a esta práctica de diario "ira en la página". Escuchaba música binaural que abría la función bilateral de mi cerebro y, en efecto, me ayudaba a procesar grandes emociones sólo a través de la escritura. Escribía mi ira en la página durante 20 minutos. Luego seguía el diario con una meditación de 20 minutos mientras escuchaba la música binaural. Mi compromiso con esta práctica me dio alivio. Pasar tiempo con la tensión de la mandíbula todos los días me permitió crear espacio para que fuera escuchada. Me di pleno permiso para desahogarlo todo sin filtros. Liberaba mis emociones en la página, permitiendo que los miedos inconscientes, la ira y la ansiedad emergieran y fueran escuchados: el Ser estaba allí para recibirlos. Este proceso, que duró un año, fue una oportunidad profunda para dejar que mi dolor físico de la mandíbula hablara, se liberara y se reprocesara.

Para sanar genuinamente esta parte protectora es imperativo cultivar la confianza entre la parte y el Ser. Aunque la parte se siente segura al expresarse durante las sesiones diarias de "ira en la página", persiste la duda sobre si se debe confiar con plenitud en que es seguro soltar todo. Incluso mientras escribo este capítulo, la conciencia de mi dolor en la mandíbula persiste. Puedo sentir la tristeza y la ira debajo de ella, acompañadas por una inclinación a suprimir estas emociones. Una vieja vergüenza y terror resuenan debajo de la tensión de la mandíbula. La única solución es dejar que el Ser ayude.

Es importante para mí compartir honestamente que, aunque he experimentado un gran alivio en mi estómago y otras condiciones físicas, mi tensión en la mandíbula está lejos de desaparecer. Todavía desempeña un rol protector en mi sistema interno. De hecho, cuanto más permito que el Ser ayude, más intenta la tensión de la mandíbula proteger contra ello. La mandíbula es un Protector silencioso que trabaja en segundo plano con un ojo abierto todo el tiempo, anticipando amenazas potenciales. Identifico esta tensión en la mandíbula como mi última frontera. Puedo ver con claridad que esta tensión en la mandíbula es una parte Protectora, y puedo honrar que se está aferrando a algo que aún no está listo para ser revelado: un recordatorio físico de que hay más por sanar y que se debe establecer más confianza en el Ser.

Abrazar mi tensión en la mandíbula como una fuerza guía me brinda la oportunidad de revisarla a diario, en vez de ignorarla. Incluso mientras escribo este capítulo, estoy sintonizando deliberadamente con mi mandíbula, discerniendo la tensión y el dolor subyacente que sostiene.

La palabra que me repite cuando hago la revisión es *dolor*. Dolor: una emoción no permitida que es tan difícil de enfrentar que mi mandíbula literalmente la encierra. En este momento, mientras escribo sobre la tensión de la mandíbula, estoy llevando a cabo una revisión con ella y siento una profunda compasión por mi parte joven. Ha trabajado tan duro para mantenerme a salvo del terror, la ira y el dolor inimaginable. El dolor de sentirme no amada, desatendida o insuficiente. El dolor que proviene de la pérdida de la inocencia de mi infancia. El dolor de enfrentar las duras verdades de mi pasado. Al articular este dolor, siento que mi mandíbula afloja su fuerza. Un temblor sutil recorre mi cuerpo y cada músculo de mi cara se relaja. El Ser está emergiendo.

No esperaba este alivio, pero el solo hecho de escribir esta parte del capítulo dio voz al dolor, permitiendo que la energía del Ser saliera a la luz. Hasta ahora no sabía que el dolor era la emoción subyacente. Escribir le ha dado a la parte la libertad de entrar en mi conciencia y revelar por qué ha estado trabajando tan duro. Ha estado ocultando el dolor indecible de mi pasado.

Esta conexión con el Ser llegó como un regalo para mí. No tenía un plan para que esta verdad se revelara; tan sólo hice un espacio para que mi tensión en la mandíbula fuera reconocida. Al conectar de manera compasiva con mi tensión en la mandíbula a través de la escritura, ésta pudo liberar lo que tanto había estado trabajando para contener. El proceso creativo de escribir despejó el espacio para que esa claridad y compasión emergieran. Mi escritura reveló lo que mi cuerpo estaba reteniendo. Ahora es tu turno.

ESCRIBE CON LAS PARTES DE TU CUERPO

He descubierto que escribir libremente en la página puede ser un portal profundo para que las partes compartan la verdad y para que el Ser se instale. Basándome en las prácticas de escritura del capítulo 4, te animaré a emplear tu diario como tu guía para acceder a la energía del Ser. Si estás abierto a conectarte con un Protector físico que ha sido una fuente de dolor y sufrimiento, sigue la orientación que te doy aquí. Sin embargo, si por alguna razón te resulta detonante o abrumador considerar tus síntomas físicos como condiciones psicosomáticas, confía en ese sentimiento y vuelve a esto en otro momento.

Este ejercicio es un diálogo con las partes Protectoras relacionadas con el dolor corporal. A través de una exploración suave y una autoindagación guiada, puedes descubrir las emociones, creencias o recuerdos subyacentes que estas partes intentan evitar que enfrentes. Es esencial abordar estas partes Protectoras con apertura, paciencia y respeto, permitiéndoles expresarse por completo.

Sigue mi orientación y revisa con tu cuerpo a fin de cultivar una actitud compasiva y curiosa hacia cualquier dolor que suela estar presente; cuando le das espacio para hablar, tu cuerpo tiene mucho que revelar. En lugar de ver tu cuerpo como el enemigo o como un síntoma físico que debe ser curado o superado, puedes acercarte a tu dolor o condición física con empatía, reconociendo su presencia y buscando entender su propósito.

Empieza contemplando cualquier forma de dolor físico persistente o condición inflamatoria que pueda ser crónica o que surja en momentos específicos de tu vida. Si te sientes seguro, **elige revisarla.**

Ahora explora con curiosidad, dándole a este dolor físico tu atención y presencia. Pregúntale a la parte:

- ¿Cuánto tiempo llevas aquí?
- ¿Hay otros sentimientos o sensaciones que quieras revelar?
- ¿Tienes algún pensamiento que quieras compartir?
- ¿Existe alguna imagen o historia que necesite salir a la luz?

Ábrete más a la curiosidad, ofreciendo espacio a la parte para que salga. ¿Qué más quieres saber?

Continúa abriendo espacio para dar lugar a más curiosidad hasta que sientas una conexión con la parte.

Luego, revisa más preguntando a la parte qué necesita de ti (del Ser). Anima a la parte a expresarse con libertad en la página. Deja salir todo. Ésta es una oportunidad para dar rienda suelta a tus emociones en el papel, lo que te permitirá liberar cualquier sentimiento reprimido. Abre tu diario y anota hasta que experimentes una sensación de alivio.

Cuando sientas que tu escritura está completa, cierra los ojos y respira con la parte. Permite que la presencia del Ser surja de forma natural. Confía en tu conexión y ten la certeza de que en este estado abierto tienes acceso claro a la energía del Ser. Si sientes que alguna cualidad C emerge, respírala y siente la energía del Ser que viene a través de estos sentimientos. Permite que esta energía del Ser se magnifique siguiendo la meditación guiada a continuación. Para escuchar el audio guiado de esta práctica, en inglés, visita DearGabby.com/SelfHelpResources.

Nota: mientras participas en esta meditación, sé consciente de tu respiración. Con cada inhalación expande tu diafragma y con cada exhalación permite que tu diafragma se relaje. Esta técnica asegura que tus respiraciones no sean superficiales, lo que te proporciona alivio.

Inhala las sensaciones en tu cuerpo que aún puedan sentirse tensas, dolorosas o desagradables.

Exhala.

Inhala y observa las sensaciones, y ofréceles tu respiración.

Exhala con una energía de aceptación.

Inhala hacia la parte del cuerpo, permitiendo que esté presente con la tensión.

Exhala.

Mientras inhalas y exhalas, visualiza una energía tranquila rodeando el dolor.

Invita a la parte del cuerpo a tranquilizarse con tu respiración.

Inhala y percibe las sensaciones en tu cuerpo.

Exhala.

Permite que cualquier visión o imagen venga a la mente.

Permanece dispuesto a recibir una conexión tranquila.

Inhala y observa cualquier calma que se instale.

Exhala más aceptación y un suspiro de alivio.

Inhala cualquier claridad recién encontrada.

Exhala.

Inhala cualquier sensación de curiosidad.

Exhala.

Inhala la sensación de conexión.

Exhala.

Inhala ofreciendo compasión.

Exhala.

Inhala cualquier sensación de creatividad.

Exhala.

Respira en el espacio abierto de confianza.

Exhala.

Inhala una profunda sensación de confianza.

Exhala.

Nota cualquier cualidad C que esté presente en tu sistema.
Dale aliento a los sentimientos.
Tómate un tiempo para estar con las cualidades del Ser que han surgido.
Disfruta de cualquier conexión con la energía del Ser.
Permite que el Ser se multiplique.

Mi esperanza es que esta práctica te ofrezca una nueva percepción de tu cuerpo físico y el dolor. Al notar sólo que el dolor surge de una intención protectora, puedes desarrollar una relación más compasiva con tu cuerpo. Profundiza un poco más y reflexiona sobre el proceso:

- ¿Puedes sentir una presencia compasiva hacia el dolor?
- ¿Eres capaz de observar el dolor sin juzgar, tomando conciencia de las sensaciones y emociones que surgen?
- ¿Puedes sentir el Ser?
- ¿Esta práctica te ayudó a liberar algún sentimiento de desesperanza?

Observa cómo se siente ahora el interior de tu cuerpo.

Este proceso de conexión con tus Protectores corporales ofrece al Protector conciencia, aceptación y una apertura para el Ser. Conforme desarrollas comprensión y compasión, podrás iniciar el viaje de abordar las causas fundamentales de tu dolor. La necesidad de protección disminuye, y los síntomas físicos se reducen o desaparecen. Si tienes una experiencia espontánea de alivio del dolor, haz tu mejor esfuerzo por no juzgarla. Otros Protectores querrán eliminarla y volver a un diagnóstico o una razón por la que no desaparece. Sé consciente de la resistencia que surge y pide con suavidad a esas partes resistentes que se hagan a un lado. Date todo el tiempo que necesites para aceptar, con todo tu ser, que en verdad es posible. Si en realidad te comprometes con el alivio, éste tiene el poder de tomar el control y convertirse en tu nueva normalidad.

Cuando despejas un espacio para que hablen las partes de tu cuerpo, éstas pueden liberarse. Cuando respiras en ese estado liberado, el Ser puede hacer ajustes físicos. La libertad y el empoderamiento residen en nuestra experiencia de este alivio. Cuando experimentas este cambio una vez, ya no te sentirás impotente ante tu dolor, sino que sabrás que con la liberación viene un gran alivio.

Ahora que has tenido la oportunidad de presenciar tu dolor físico como un Protector, es probable que sientas algo de alivio. También es posible que hayas notado que otro Protector se interpone en el camino del dolor para impedirte revelar emociones más profundas. Sin importar el resultado, confía en que éste es un proceso. La próxima vez que notes dolor físico o síntomas, en lugar de resistirte, estresarte o tratar de adormecerlos, lleva a cabo una revisión. Dale a tu cuerpo la oportunidad de hablar y revelar lo que necesitas saber. Crear espacio para que las partes de tu cuerpo hablen les da la libertad de ser vistas y ofrecerte información real. No tienes que intentar descifrar todo; en cambio, pregúntale a la parte.

La curiosidad devocional y la voluntad de indagar son las mejores herramientas de autoayuda que tienes a tu disposición. En lugar de ignorar a tu cuerpo físico, puedes sintonizarte con él y preguntarle qué necesita. Tu cuerpo puede convertirse en tu guía para conocer más sobre lo que tu mundo interior quiere revelar.

ABRE TU CORAZÓN AL MILAGRO

En mi más reciente revisión médica completa, experimenté un momento milagroso. Me senté frente a mi médico y le compartí cómo me sentía. “Mi mandíbula sigue dándome problemas, lo que para mí es una señal de que estoy experimentando una sanación emocional más profunda. Mi estómago está muy bien, ya que siento una gran sensación de seguridad y resiliencia en mi interior. Me siento empoderada y honro a mi cuerpo como guía."

Mi médico me miró con una gran sonrisa y dijo: "¡Vaya, desearía que todos mis pacientes pudieran tener tanta compasión y conexión con sus cuerpos!".

Los principios fundamentales de SFI y el proceso de revisión te dan la oportunidad de establecer una conexión compasiva con tus Protectores físicos. El proceso de reconocer y comprometerse con el dolor físico como un Protector te ayudará a abrirte a transformaciones internas y externas. Ya no tienes que sentirte como la víctima de tu dolor físico, sino que tienes una nueva manera de percibirlo.

EL SANADOR INTERNO

Compartí este capítulo con mi esposo, Zach, algo ansiosa por llamar la atención sobre sus persistentes problemas de espalda, que mencioné al inicio del capítulo. Sin embargo, realmente creía que incluso una chispa de curiosidad encendería al Ser para guiarlo hacia la comprensión y el alivio. Y tenía razón. Conforme asimilaba el contenido, se plantó una semilla de conciencia. Desde ese instante, cada vez que Zach tomaba conciencia de su dolor, hacía una elección consciente de no concentrarse sólo en la sensación física. En cambio, usaba el proceso de revisión para explorar cómo se sentía en ese momento. Cada instancia de dolor se convertía en una oportunidad para conectar e identificar cualquier estrés emocional o dolor que pudiera estar al acecho bajo la superficie. Era notable que muchas veces encontraba un alivio significativo en sólo unos minutos de práctica. Ese mismo alivio está disponible para ti ahora.

Esta práctica tiene el poder de abrirte a un camino guiado por el Ser hacia la paz física. Permite que el Ser ayude a tu cuerpo a desarrollar una relación más armoniosa con tu dolor, llevándote a un mayor bienestar, resiliencia emocional y una sensación de plenitud. Mi oración es que esta nueva percepción te ofrezca alivio sólo con saber que siempre tienes un sabio sanador dentro de ti.

CAPÍTULO 9

Bomberos

El año pasado me entrevistaron en un pódcast conducido por una vibrante mujer de 28 años. Sentada a mi lado, vestida con jeans a la cadera y una camiseta que revelaba su abdomen tonificado, ella comenzó la conversación emocionada. Mientras tanto, yo luchaba por mantener la compostura. Las luces del estudio me cegaban y su asistente, justo a mi lado, golpeteaba su teclado: clic-clic-clic. Pero en cuanto la presentadora comenzó a hablar sobre sus luchas contra la adicción a la comida, el trauma de estrés postraumático no resuelto y la ansiedad, hallamos una conexión. Nuestras miradas se encontraron, y en ese momento la compasión inundó el lugar. Las luces y el ruido desaparecieron y todo lo que vi fue un reflejo de mí misma en ella. Era como ver a mi yo más joven y todas sus partes temerosas sentadas justo frente a mí. Con miedo a soltar el control, impulsada por una ansiedad implacable y buscando ansiosamente soluciones.

"Gabby, ¿cómo logras estar tan en paz hoy?", la presentadora preguntó con genuina curiosidad.

"Estoy en paz porque hoy amo cada parte de quien soy."

Ella pareció impresionada por esta respuesta y continuó haciendo preguntas, buscando con desesperación respuestas para sus patrones adictivos no resueltos. Durante los siguientes 40 minutos, me transporté de vuelta a mi yo de 25 años, dándole la orientación que desearía haber recibido en ese momento crucial de mi vida.

En esta conversación abierta de corazón, pude ayudar a la presentadora a ver que su adicción a la comida no era un problema con ella, sino más bien una parte Protectora de ella, un Bombero tratando de apagar las llamas de sentimientos no permitidos de su infancia. Como había aludido a traumas infantiles y estrés no resuelto, pensé que era posible que su pasado de comer en exceso fuera la forma en que había mantenido control sobre sus emociones exiliadas. Nuestra conversación le dio la oportunidad de atestiguar su adicción a través de una nueva lente, la lente de la compasión. La guie para que viera el arduo trabajo de este Bombero adicto para evitar que enfrentara su pasado.

Ella también se abrió y me comentó que luchaba con el trabajo excesivo y el ejercicio compulsivo. La guie para reconocer que estos comportamientos eran otros tipos de Protectores, trabajando arduamente para mantener a raya las partes más jóvenes traumatizadas. Estos Protectores eran "socialmente aceptables" y con frecuencia eran elogiados, pero no dejaban de ser Bomberos extremos.

Al concluir la conversación, noté que por un momento pudo soltar cierto apego a sus partes y ver sus patrones intensos con un toque de compasión. Aunque esta conversación no fue el antídoto para sus décadas de sufrimiento, fue un momento de claridad, encendida por la energía del Ser que está dentro de ella. Esta claridad le dio una nueva perspectiva sobre su adicción, una comprensión compasiva que antes no podía ver. Este nuevo punto de vista le dio un destello del Ser que fue suficiente para provocar un cambio interno.

Esa misma claridad es lo que espero darte ahora. Quiero ayudarte a atestiguar tus partes Protectoras más extremas y adictivas bajo una nueva luz, para entenderlas por lo que realmente son: Bomberos.

BOMBEROS

Los Bomberos son nuestras partes Protectoras más impulsivas, que saltan a la acción cuando nuestras llamas emocionales se vuelven muy abrumadoras. Los Bomberos aparecen cuando nuestros Gerentes ya no pueden mantenerlo todo bajo control. Cuando el detonante es tan intenso que tenemos que recurrir a medidas extremas para adormecer los sentimientos dolorosos. Los Bomberos a menudo se manifiestan como comportamientos extremos o adictivos, incluyendo atracones de comida, alcoholismo, relaciones codependientes, juegos de azar, ira e incluso ideas suicidas.

Los Bomberos tienen formas únicas y efectivas de cerrar la válvula de nuestras emociones no permitidas para anestesiar el dolor. Son excelentes distractores, listos para intervenir cuando todo lo demás falla y hacer lo que sea necesario para extinguir el fuego de los Exiliados.

Es posible llegar a estar profundamente entrelazado y dependiente de los mecanismos de protección de nuestro Bombero interno, hasta el punto de creer que son nuestra única fuente de seguridad frente a las emociones abrumadoras que hemos ocultado por tanto tiempo. Cuando estamos dominados por un Bombero, la energía del Ser queda enmascarada bajo el peso de nuestro anhelo de escapar de nuestros Exiliados. Y aunque es crucial recordar que el poder de elección en realidad nunca nos abandona, en estos momentos el Ser queda eclipsado por nuestros Protectores.

Estas partes pueden ser destructivas y abrumadoras, y mi esperanza es guiarte para verlas de manera diferente y entender sus motivaciones. Los Bomberos actúan desde un lugar de protección; su intención es protegernos del dolor prohibido de nuestro pasado. Cuando abrimos nuestro corazón y mente para atestiguar nuestros Bomberos a través de la lente del Ser, podemos desarrollar una perspectiva nutritiva sobre nuestras partes de Bombero. En lugar de culpar y avergonzar a nuestros Bomberos, podemos abrir nuestro corazón hacia ellos, permitiendo que el Ser emerja. Este enfoque revela un poderoso camino hacia la autoaceptación y la sanación a largo plazo.

En este capítulo observaremos con delicadeza a tus Protectores más extremos, adictivos o disociativos, tus Bomberos. Desmantelaremos la complejidad de estas partes extremas y las veremos a través de la simplicidad de su deseo central: la necesidad incesante de sentirse seguros. Éste es un proceso de observar a través de la lente del amor, a través de la lente del Ser. Un cambio de percepción que puede guiarte hacia una sanación más profunda.

UNA NUEVA PERSPECTIVA

La intención de este capítulo es guiarte para que seas testigo de las intenciones protectoras genuinas de los Bomberos: protegerte de las heridas exiliadas que aún no estás listo para enfrentar. Por ejemplo, uno de mis Bomberos extremos es la disociación, mi habilidad para desconectarme por completo del mundo, adormecerme y salir de mi cuerpo. La disociación, mi viejo Bombero, ha estado conmigo desde que puedo recordar. Cuando era niña, esta parte me ayudaba a adormecerme cuando la realidad de mis circunstancias inseguras se volvía demasiado abrumadora. Hubo momentos en terapia cuando la disociación literalmente me hacía dormir para ocultar una parte exiliada que no estaba lista para emerger. Puedo reconocer con claridad la invaluable ayuda que este Bombero me brindó en tiempos de trauma y estrés elevado.

La disociación fue un Protector tan fuerte que realmente protegió un recuerdo de trauma reprimido de mi conciencia durante más de tres décadas. Como he mencionado, no fue hasta que tuve 36 años de edad y 10 años de sobriedad que recordé un evento traumático particular de mi infancia. El surgimiento de este recuerdo fue tan revelador como inquietante, ya que había pasado 30 años sin conocer la razón de mi sufrimiento, adicción, ansiedad y dolor. Mi parte disociativa enterró este recuerdo profundamente dentro de mi inconsciente, mientras buscaba mecanismos externos (como la adicción, el control y la ansiedad) para mantener las partes traumatizadas de mí misma en el exilio. Cuando le comenté esto a mi terapeuta, ella sugirió que el recuerdo emergió porque yo estaba "lo bastante a salvo para recordar". Para entonces, con 10 años de sobriedad y un extenso trabajo de desarrollo personal, incluida la terapia de SFI, había construido una base sólida. La seguridad interna que desarrollé permitió que mis partes exiliadas inconscientes se revelaran a través de un sueño.

Ésta fue una de las experiencias más aterradoras de mi vida, ya que me devolvió a los sentimientos extremos de mi Exilio. Después de esta revelación, me mantuve cerca de casa y evité la interacción social. Me sumergí en Netflix y, durante un lapso de dos meses, vi todas las temporadas de *Scandal*. Sin saberlo, el programa, y en particular el personaje estelar, Olivia Pope, una mujer confiada y valiente, no sólo me infundió esperanza, sino que, además, brindó un medio para adormecer el dolor abrumador de ese periodo. La naturaleza adictiva al ver *Scandal* compulsivamente era una forma de protección. Me dio una manera de adormecerme.

BOMBEROS DISFRAZADOS

Los Bomberos tienen diferentes niveles de riesgo. Se presentan patrones de Bomberos de bajo riesgo que involucran actividades cotidianas como las redes sociales, pasar tiempo frente a las pantallas, comer azúcar en exceso, juegos, deportes, ejercicio, chismes, dormir, coquetear y comprar. En mi caso, ver compulsivamente *Scandal*, usar la serie como una forma de disociación fue mucho menos riesgoso que tomar una bebida para adormecer el dolor y sabotear una década de sobriedad. Pero todavía considero que es un patrón de Bombero porque vi la serie en exceso para apagar el fuego de las emociones abrumadoras. Los Bomberos de mayor riesgo incluyen el abuso de drogas, alcoholismo, adicción al sexo, juegos de azar, gastos excesivos, trastornos alimentarios, comer de forma emocional, autolesiones, pensamientos suicidas y violencia. Sea cual sea el nivel de extremosidad, la intención permanece: anestesiar los sentimientos exiliados insoportables y apagar el fuego.

También hay Bomberos socialmente aceptables que pueden ser más difíciles de identificar, incluyendo complacer a los demás en exceso, adicción al trabajo o el perfeccionismo excesivo. Un Bombero socialmente aceptable que controló mi mundo durante muchos años fue la parte adicta al trabajo. Ésta se desarrolló cuando, al dejar las drogas, pronto transferí mi adicción a las drogas a una nueva adicción al trabajo. (El trabajo compulsivo es una estrategia adictiva particularmente común para los Bomberos cuando no hay una conexión fuerte con el Ser.)[1]

Aunque mi dedicación al trabajo trajo inmensa alegría y ayudó a muchas personas, también se convirtió en un medio excesivo para desconectarme de mi trauma infantil disociado y exiliado. Conforme mi completa falta de equilibrio entre el trabajo y la vida personal comenzó a salirse de control, mi bienestar físico se deterioró y experimenté crisis nerviosas debilitantes; al final acepté que esta ética de trabajo, al parecer admirable, era un patrón adictivo. Me llevó años darme cuenta; después de todo, era elogiada por mis éxitos y por lo mucho que podía lograr.

Es importante señalar esto porque muchas veces los Bomberos que se consideran socialmente aceptables pueden ser difíciles de identificar. Por ejemplo, un padre puede desestimar el excesivo tiempo que su hija pasa frente a la pantalla, como si dijera: “Oh, es sólo una adolescente", ignorando así su depresión subyacente. O tal vez te alaban por cuánto te esfuerzas por los demás a expensas de tu propio bienestar. No necesitas ser un adicto para tener Bomberos poderosos en alerta máxima todo el tiempo.

TÓMALO CON CALMA

Toma en cuenta que si incluso presenciar estas partes se siente abrumador, puedes sólo leer el capítulo y no aplicar las prácticas. Si en algún momento te sientes abrumado o activado por este capítulo, considera buscar apoyo terapéutico de SFI; consulta la página de recursos, en inglés en DearGabby.com/SelfHelpResources. Es importante que no desveles una parte que todavía no está lista para ser vista.

Mientras espero guiarte hacia una conciencia compasiva de tus Bomberos, reconozco que al principio puede ser desencadenante. Puedes continuar percibiendo la adicción y el comportamiento destructivo como algo que no puedes aceptar, y mucho menos extenderles compasión. Entiendo si tienes esa resistencia, y sugiero que no te obligues a adoptar esta perspectiva. Todo lo que recomiendo es que estés dispuesto a aprender más sobre los Bomberos y sus intenciones centrales. El camino hacia la curación de los patrones extremos de los Bomberos no se recorre a través del juicio o la fuerza, sino a través de la conexión compasiva. Comprender las razones que están detrás de sus motivaciones te dará la posibilidad de sentir compasión en vez de una sensación de control.

Por lo regular, los Bomberos se manifiestan como partes adictivas que pueden ser muy defensivas. Estas partes extremas y a menudo adictas han sido juzgadas y avergonzadas por partes de ti y el mundo que te rodea. Los Bomberos están profundamente entrelazados con sus roles protectores, lo que les dificulta conectar con el Ser. Estas partes viven con la creencia de "Debo mantener el control sobre los Exiliados", haciendo lo que sea necesario para apagar las llamas de cualquier emoción que se haya activado. Las partes se sienten avergonzadas por sus acciones, con frecuencia se regañan a sí mismas y también enfrentan críticas del mundo exterior. Considera, por ejemplo, una parte alcohólica que de forma continua cae en el mismo patrón adictivo, o una parte extremadamente codependiente que sacrifica su propio bienestar por el bien de una relación poco saludable. Estas partes con frecuencia son avergonzadas por el mundo exterior por su destructividad y son culpadas internamente por otros Protectores críticos. Esto mantiene a las partes en un ciclo de vergüenza y culpa.

Comprendo a nivel personal la vergüenza que puede ensombrecer a estos Bomberos extremos y adictivos. En mis 20, antes de estar sobria, era adicta a las relaciones románticas. Saltaba de una relación a otra, aferrándome a un sentido de seguridad externo que no podía encontrar dentro de mí. El terror a estar soltera era igual al miedo a la muerte, y no digo eso a la ligera. Mi parte de Bombero codependiente era tan extrema y le aterraba tanto estar sola que sacrificaba su propio bienestar y felicidad sólo para aferrarse a una relación.

En ese entonces, mi amigo más antiguo me confrontó sobre mi codependencia, y me dijo: "Nunca puedes estar sola, Gab. Has sido así desde la preparatoria". Sus palabras me llenaron de vergüenza, y ese día hice un voto de no necesitar más una relación. Dejé a mi novio, sólo para volver al instante a la cocaína. En un intento por escapar de la vergüenza de la codependencia, caí en otra adicción, que al final me traería todavía más vergüenza.

Al principio puedes pensar que tienes control sobre tus hábitos, pero conforme se acumulan más adicciones o comportamientos destructivos, pueden llevar a graves consecuencias e incluso pensamientos de autolesión. La esperanza de practicar la autoayuda es que puedas abordar cada Bombero adictivo como una parte única, ofreciéndole curiosidad, conexión y compasión. En lugar de esconder tus Bomberos con otros comportamientos adictivos, puedes apoyarlos conscientemente, ayudándolos a no hundirse. Cada vez que eliges revisar y conectar con un Bombero, ofreces una oportunidad para sentirte genuinamente apoyado y guiado en un camino duradero hacia la recuperación.

He pasado horas de mi vida escuchando las historias de compañeros adictos en recuperación. Aunque cada historia es única, compartimos un vínculo común: la experiencia del dolor y el trauma. Creo con firmeza que el trauma es la causa subyacente de los comportamientos reactivos y extremos de los Bomberos. Cada adicto que he conocido ha enfrentado, de algún modo, experiencias infantiles profundas que sobrepasaron su capacidad para hacerles frente, lo que dio como resultado el desarrollo de Gerentes y, después, Bomberos extremos y adictivos.

En una entrevista en mi pódcast *Dear Gabby*, el Dr. Gabor Maté, reconocido experto internacional en trauma y autor best seller, dijo: "El trauma no es lo que te sucede. El trauma es lo que sucede dentro de ti como resultado de lo que te sucedió". La ruptura interna de la seguridad y la inocencia es lo que impulsa el trauma y lo que lo mantiene estancado. La triste verdad es que a los Bomberos y Gerentes se les ha dado mala reputación. Los hemos juzgado y culpado por mucho de nuestro sufrimiento, cuando todo el tiempo estaban trabajando arduamente para minimizarlo.

LOS BOMBEROS NO PUEDEN SER OBLIGADOS A CAMBIAR

Escribir sobre los Bomberos es sorprendentemente emocional para mí. Existe una danza entre la simplicidad de tomar la decisión de sanar y el miedo a dejar ir lo que parece ser la forma más efectiva de protección. Dejar ir a un Bombero puede sentirse como perder a un mejor amigo. Crecemos dependiendo de estas partes para que nos apoyen, y nos mezclamos tanto con ellas que tememos no poder vivir sin ellas.

Con frecuencia, cuando consideramos enfrentar a un Bombero, emergen partes controladoras para intentar convencernos de que debemos seguir un conjunto rígido de reglas y luchar contra nuestros antojos o reactividad para cambiar un patrón adictivo de Bombero. El miedo a volver a caer en patrones familiares, destructivos y adictivos puede ser paralizante. Intentar obligar a la parte a detenerse no es un camino hacia la recuperación, es sólo otro Protector intentando mantener tu sistema interno bajo control.

Cuando se avergüenza o se obliga a los Bomberos a detener sus patrones adictivos, a menudo pasan a la negación. Un ejemplo de esto es: "Él ha estado mejor últimamente, está menos agresivo, en verdad lo está intentando", dice mi amiga cercana Ali sobre su esposo. Durante más de dos años, Ali me ha confiado sobre la lucha de su esposo con el abuso del alcohol, que a veces escala a un comportamiento alarmante y agresivo. Ella explica que cada vez que intenta controlar su comportamiento o forzarlo a detenerse, él muestra partes en conflicto, la parte defensiva que insiste: "Son sólo unas cervezas" y la parte arrepentida que promete: "Nunca volveré a beber, lo juro". Pasan unas semanas y recibo un texto esperanzador de Ali tratando de demostrarme (y a sí misma) que las cosas están mejorando. Pero siempre recibo un texto unos días después diciendo que él ha recaído.

Intentar controlar a un Bombero para que se detenga sólo empeora las cosas. Recuerda que la mayoría de las personas no quiere hacerse daño ni dañar a otros. Nadie *quiere* destruir su vida con patrones adictivos y extremos. Pero cuanto más rígidos y humillantes seamos con nuestros Bomberos, más vergüenza sienten y más se activan. La vergüenza interna y un comportamiento coercitivo sólo sirven para mantener a los Bomberos atrapados en sus patrones extremos y destructivos. Ninguna cantidad de vergüenza, fuerza o culpa ayudará a un Bombero.

Tómate un momento para reflexionar sobre las partes más extremas de ti. Quizás has pasado tu vida cargando con trastornos alimentarios como una forma de intentar mantener el control sobre tus Exiliados. Tal vez tienes una adicción al trabajo: trabajas para no tener que sentir. O a lo mejor sufres de adicción a sustancias. Mientras observas estas partes, considera ahora cómo te sientes con respecto a ellas. ¿Las odias? ¿Intentas ocultarlas? Si es así, ¿cómo te está funcionando eso?

El camino para sanar la adicción de verdad no está pavimentado con perfección rígida o fuerza, sino con una serie de decisiones que moldean tu experiencia diaria. Considera la sabiduría de los 12 pasos y el concepto de "un día a la vez". ¿Qué pasaría si, en lugar de obsesionarte con la complejidad del viaje, te centraras en el simple acto de decidir revisar un día a la vez? ¿O un minuto a la vez?

LIBERARSE DE LA ADICCIÓN VIENE DE LA ELECCIÓN

Tómate un momento para posponer cualquier incredulidad e imagina esto: puedes comenzar cada día revisando las partes que están presentes, abriendo la puerta para que el Ser se manifieste. Conforme se desarrolla el día, encuentras los detonantes e irritaciones inevitables que presenta la vida. Es en estos segundos cuando el poder de la elección realmente brilla. Tienes la capacidad de pausar, respirar y elegir revisar. Ya no estás a merced de tus detonantes; estás equipado con una elección que te empodera para atender a tu parte activada y ayudarla a calmarse. Luego, una hora después de tu intención matutina, te detona una situación que antes te habría hecho perder el control. En lugar de sucumbir a la activación, haces una pausa y revisas la parte. En esa pausa, emerge la presencia. Percibes los sentimientos y sensaciones que surgen, y ejerces la elección: decides conscientemente tu siguiente paso. No te preocupa la perfección, sino que te concentras en recordar constantemente que debes ejercer tu libertad de elegir de nuevo.

¿Cómo se siente contemplar vivir de esta manera? Reconozco que esto puede parecer imposible si estás atrapado en un patrón de Bombero adictivo. Sin embargo, te invito a considerar una nueva posibilidad: que cuando se trata de nuestros patrones extremos, en verdad tenemos el poder de elegir buscar al Ser para obtener ayuda. El 2 de octubre de 2005 tomé la determinación de estar sobria y buscar ayuda. Durante los últimos 19 años me he seguido despertando y reforzando esa decisión con humildad. Esta recuperación a largo plazo está llena de libertad y facilidad porque he elegido, un día a la vez, permitir que el Ser entre y me muestre el camino hacia una profunda sanación interior. Aunque en este momento la elección puede parecer fuera de tu alcance, considera mi historia como un poderoso ejemplo de lo que es posible para ti.

CUANDO TE ENFRENTAS A LO QUE PARECE UNA ELECCIÓN IMPOSIBLE

Una vez di una charla sobre el poder transformador de la elección y nuestra capacidad de redirigir nuestras vidas en un instante. Ese día, mi parte de oradora motivacional cobró vida, coexistiendo con una fuerte conexión con la energía del Ser. La mezcla de motivación positiva y energía genuina del Ser inundó el auditorio.

A lo largo de la charla enfaticé con confianza que en cualquier momento dado poseemos la opción de mirar hacia nuestro interior o, alternativamente, desviarnos hacia el miedo y ser superados por nuestros Protectores. Cuando elegimos mirar hacia el interior, aceptar la curiosidad y fomentar conexiones, tenemos el poder de redirigir nuestras vidas.

Sentí que la audiencia fluctuaba entre la creencia y el escepticismo, lo que me dio la oportunidad de interactuar con los incrédulos durante la sesión de preguntas y respuestas. Guiándolos a través del proceso de revisión, les ayudé a experimentar el poder de la elección de primera mano al redirigir su atención y abrirse a decisiones guiadas por el Ser. Esta transformación en tiempo real permitió al público comprender el impacto profundo que puede tener incluso un cambio sutil en la elección.

Al concluir la charla, me senté en la orilla del escenario y saludé a los asistentes. En la fila noté a un hombre corpulento que me observaba fijamente. Era el siguiente en la fila y, aunque me sentía segura, no podía ignorar su intensa energía, una mezcla de ira y agresión que emanaba de él.

Cuando llegó su turno, se acercó con una poderosa energía defensiva. "Dices que tenemos una elección, ¡pero yo no tengo una maldita elección sobre cómo me siento! Lucho con la enfermedad mental y la adicción; no puedo tan sólo elegir cambiar eso."

Inhalé profundo y me centré. Mirándolo a los ojos como si estuviéramos solos en la sala, respondí: "Tienes toda la razón. Cuando tenemos una enfermedad mental y una adicción grave, la elección puede parecer inalcanzable". Luego compartí mi propia batalla con la depresión con ideas suicidas y cómo, al final, mi única elección fue rendirme y buscar apoyo psiquiátrico. Por fortuna, en ese momento tuve suficiente acceso al Ser para permitir que se estableciera una genuina conexión compasiva. Me vi reflejada en él: mi adicción, mi enfermedad mental, mi sensación de impotencia. Me sentí conectada con él, estaba tranquila en mi cuerpo y mi corazón estaba abierto. Estaba en la energía del Ser.

"¿Puedo darte un abrazo?", le pregunté. Él aceptó sin dudarlo. Envolví mis brazos alrededor de su amplio pecho, sosteniéndolo con amor y compasión genuinos. Su energía se suavizó y su ira se disipó, mientras las lágrimas corrían por su rostro. En este abrazo pudo sentirse completamente visto y apoyado por el corazón abierto de la energía del Ser.

En esos momentos no necesitaba palabras, ni mis experiencias, ni mis historias. Todo lo necesario, para los dos, era la presencia del Ser.

Cuando dejé de abrazarlo, mantuve mis manos en sus hombros, mirándolo directo a los ojos. El hombre que había parecido amenazante momentos antes ahora parecía un niño inocente, con los ojos llenos de lágrimas. "Gracias. No esperaba eso", dijo.

"Gracias por elegir abrir tu corazón", respondí.

ENTABLA UNA RELACIÓN EN LUGAR DE CONTROLAR

Como dice Gabor Maté: "En lugar de preguntar por la adicción, pregúntate por el dolor". En mi experiencia, cuando un terapeuta de SFI trabaja con una parte de Bombero, en lugar de preguntar: "¿Por qué sigues haciendo esto?", pregunta: "¿Cómo está intentando ayudarte esta parte?". A los Bomberos adictivos no se les debe pedir una excusa, sino hay que darles la oportunidad de compartir su razón.

Mi maestra de SFI, Cece Sykes, licenciada en Trabajo Social Clínico, autora de *Internal Family Systems Therapy for Addictions*, lo explica así: cuando uno está en un ciclo de adicción, los Gerentes y los Bomberos se están enfrentando entre sí. Sykes llama a esto la "batalla de los procesos adictivos". Los SFI enseñan que la experiencia interna de un adicto se describe a través de tres partes distintas en conflicto entre sí:

- La parte de Culpa/Gerente que perpetúa la autocrítica, insistiendo en que el adicto está fuera de control y nunca cambiará.
- La parte Llama/Bombero que expresa una actitud desafiante, creyendo que merece su adicción y resiste cualquier intento de intervención.
- La parte Vergüenza/Exilio que infunde un profundo sentimiento de desesperanza y aislamiento, como si hubiera algo fundamentalmente incorrecto en el adicto y el cambio fuera imposible debido a los esfuerzos fallidos para controlar su adicción.

Estas tres partes únicas están en guerra entre sí, manteniendo a uno atrapado en el ciclo adictivo de culpa, llama y vergüenza.

Lo que encuentro más alentador en el enfoque de SFI para la adicción y los Bomberos es el énfasis en cómo relacionarte con los patrones extremos y adictivos de tus Bomberos. El enfoque de SFI se basa en conectar compasivamente con los Bomberos y establecer una relación con ellos en vez de intentar controlarlos.

En lugar de intentar controlar las partes adictivas de los Bomberos, los SFI abogan por un enfoque compasivo y curioso para establecer una relación con ellos, pidiéndoles que se abran y compartan su experiencia. A través del proceso de revisión, puedes explorar con curiosidad la historia detrás de la adicción, y el Bombero se siente más conectado, abriendo espacio para que el Ser se manifieste.

Puedes establecer una relación con las partes adictivas dándoles mensajes de conexión en lugar de control. Al revisar la parte en vez de intentar controlarla, brindas una oportunidad para la conexión. En lugar de rechazar la parte, le das el mensaje de *Sólo quiero conocerte*. Cualquier forma de conexión ayuda a los Bomberos a sentirse vistos y respetados, reconocidos en su inocencia. Recuerda, las partes extremas de Bombero están tratando de mantenerte seguro con desesperación. Si incluso por un momento pudieras cambiar tu percepción de tus Bomberos y experimentar un atisbo del Ser, les ofrecerías un milagro: la oportunidad de ser vistos en su inocencia.

Al pensar en esto, es probable que se active una parte del rol de Gerente. Tal vez dé miedo incluso pensar en dejar que un Bombero se salga con la suya. Lo entiendo, esto puede llevar tiempo. Pero al abrir tu corazón para percibir así a tus Bomberos, puedes expandir las posibilidades de relación en lugar de control.

Un cambio de paradigma interno se presenta cuando ofrecemos a nuestros Bomberos esta consulta guiada por el Ser. En lugar del juicio, elegimos la compasión.

REVISAR DE MANERA SEGURA CON UN BOMBERO

Tus Bomberos no están solos en sus roles adictivos e inconscientes. Los entiendo, tengo una profunda compasión por ellos y estoy comprometida a prestar mi energía del Ser para ayudarlos ahora. Juntos podemos buscar cómo desarrollar el músculo de la elección, cómo hacerlo una parte integral de tu vida diaria, y cómo, al elegir la simplicidad del proceso de revisión, ofrecerás la presencia del Ser a tus partes Bombero que laboran tan arduamente intentando protegerte de tu pasado exiliado. Ésta es una práctica que requiere devoción, compromiso y un deseo de sentirse libre.

Cece Sykes dice: "La sanación es un conjunto de decisiones guiadas por el Ser una y otra vez".

La simplicidad de este concepto puede ser la clave para lidiar con la adicción. Pasos pequeños hacia una transformación a largo plazo son mucho más factibles que el éxito de la noche a la mañana, y ofrecen un enfoque reconfortante para el viaje de recuperación. En mis primeros días de sobriedad, tuve un amigo llamado Joel que me impartió esta sabiduría. Él tenía 10 años de sobriedad, un hermoso departamento, éxito considerable y amigos increíbles; su vida era genial. Sintiendo curiosidad por su camino hasta ese punto, le pedí su guía. Su respuesta fue simple: "Muchas pequeñas acciones correctas". Tomé sus palabras en serio y me dediqué a esta filosofía, comprometiéndome a pasos pequeños y consistentes para apoyar mi viaje de recuperación. Hoy, 19 años más tarde (al momento de escribir esto), sigo limpia y sobria. Es un testimonio del poder de abrazar consistentemente esas pequeñas acciones correctas que, con el tiempo, pueden generar un cambio radical.

Tomemos ahora una primera acción pequeña y revisemos de manera segura con un Bombero. Como siempre, si experimentas alguna vacilación u observas que emerge otro Gerente, por favor prioriza el bienestar de tus partes internas y revisa esto en un momento en que te sientas más estable a nivel emocional.

Esta revisión *no* está diseñada para explorar de forma profunda a tus Bomberos, sino más bien para orientarte hacia una percepción guiada por el Ser. Tan sólo al elegir ver al Bombero como parte de ti, en lugar de como tú, puede dar un gran alivio.

Empieza con una elección. **Elige revisar** una parte de Bombero con el objetivo de verla a través de la lente del Ser y reconocer sus verdaderas intenciones. La belleza de dar este paso, en especial al tratar con un Bombero, es que al reconocerlo como una parte creas una oportunidad para establecer una relación en lugar de asignarle culpas. Ver a tu Bombero como una parte es un acto profundo de autocompasión en sí mismo.

Sé **curioso**. Una vez que hayas enfocado tu atención hacia el Bombero, ofrece de modo sutil una serie de preguntas. Estas preguntas están diseñadas para crear un sentido de respeto y apertura hacia la parte.

Empieza tomando nota de dónde sientes la presencia del Bombero en tu cuerpo. Ofrécele algo de respiración y permítele expresarse. Luego pregúntale a la parte:

- ¿Cómo estás tratando de ayudarme?
- ¿Cuánto tiempo llevas intentando ayudar de esta manera?
- Cuando intentas detenerte, ¿qué ocurre?
- ¿Qué temes que sucedería si dejaras de protegerme de esta manera?

Estas preguntas están diseñadas para abrir tu corazón con el fin de presenciar las intenciones positivas del Bombero, permitiendo que más energía del Ser se manifieste. Ofrecerle a tu Bombero esta indagación amable le da un nuevo respeto y conexión compasiva en lugar de vergüenza y culpa.

Conéctate compasivamente poniendo tu mano en tu corazón y ofrécele esta afirmación a la parte:

Reconozco lo mucho que estás tratando de protegerme. No estoy aquí para gestionarte o controlarte, sólo quiero conectar contigo.

Ahora verifica las cualidades C del Ser. Observa si experimentas alguna de las cualidades C del Ser. Si sientes que es necesario, escribe con la parte, permitiéndole responder y anotando lo que surja. Toma un cuaderno y escribe tu respuesta.

ELECCIÓN EN LUGAR DE FUERZA

En mi propia recuperación de la adicción, he descubierto que cuanto más me conecto proactivamente con las partes Bombero, más natural se vuelve la compasión. Me he comprometido a crear relaciones en vez de control. Cuando me propongo establecer una relación, elimino el ciclo de vergüenza/culpa y abro paso a un nuevo patrón, que tiene el poder de sanar. Cuando repetimos un nuevo comportamiento y establecemos nuevos patrones habituales, tenemos el poder de cambiar las vías neuronales en nuestro cerebro. De manera personal he descubierto que cuando los nuevos patrones surgen por la elección y no por la fuerza, es mucho más probable que perduren y tengan un poder innato para cambiar mis creencias. Elegir revisar así con un Bombero crea un nuevo patrón dirigido por el Ser. Cada cambio sutil hacia una perspectiva compasiva del Ser sobre un Bombero le ofrece la oportunidad de liberarse de la vergüenza y ser verdaderamente visto. Ninguna cantidad de vergüenza o culpa ayudará a un Bombero a salir de su rol extremo. Es la conexión relacional la que proporciona una verdadera oportunidad para una sanación duradera.

Cuanto más acceso tenemos al Ser, más sabemos a dónde acudir en busca de ayuda. El Ser se convierte en un patrocinador interno, siempre disponible para escuchar, aprender y darle espacio al Bombero, sin importar lo extremo que pueda volverse. Una conexión compasiva a la vez crea un cambio duradero en el interior.

Después de 19 años en mi camino de sobriedad, es evidente cómo el Ser ha sido una presencia constante. El suave susurro del Ser desempeñó un rol crucial en guiarme por el camino hacia la recuperación. La energía siempre presente del Ser y mi disposición son lo que me ha mantenido sobria un día a la vez.

CAPÍTULO 10

Perdónate a ti mismo

Al principio de mi carrera, me sumergí en las perspectivas espirituales del perdón. Esto es porque el perdón tiene la capacidad de catalizar cambios milagrosos en nuestras vidas. Nos libera, permitiéndonos habitar en el momento presente, liberados de las cargas de la vergüenza pasada y los miedos del futuro. En este estado de libertad es donde se presenta nuestro verdadero cambio: reclamamos nuestra inocencia, nuestra luz y nuestra armonía interior. Éste es el verdadero significado de perdonarte a ti mismo.

El perdón no es una acción que tomamos, es una experiencia que tenemos. Una experiencia que está disponible para todos cuando abrimos nuestro corazón al Ser para ayudarnos a sanar y liberar nuestras partes Protectoras. "¿Cómo puedo perdonarme?", es una frase que he escuchado innumerables veces a lo largo de los años. Mi respuesta es clara: todo lo que se necesita es tu disposición para perdonar. La menor disposición abre la puerta para que la posibilidad de perdón se instale.

Cuando nos dejamos llevar por nuestros Protectores, nos quedamos estancados en el pasado. Repetimos los mismos roles, activando sentimientos de vergüenza que nos hacen culparnos a nosotros mismos por volver a caer en viejos hábitos. ¿Alguna vez te has descubierto en un ataque total de agresión a ti mismo, culpándote y avergonzándote por tus acciones? Quizá te despiertas con resaca y no puedes recordar lo que pasó la noche anterior. Te encuentras lleno de vergüenza por haber caído de nuevo en el ciclo de adicción al alcohol. La vergüenza y la culpa se vuelven tan extremas que la única manera de sentirte mejor es volver a consumir para adormecer a los otros Protectores. Este ciclo de vergüenza nos mantiene atrapados en el bucle de nuestros Protectores, lo que bloquea la oportunidad de experimentar el perdón. Pero la disposición para perdonar les da a nuestras partes la oportunidad de elegir de nuevo, de elegir revisar. El deseo de perdonar a tus partes Protectoras es todo lo que se necesita para iniciar el viaje.

Me embarqué en el viaje de perdonarme a mí misma al principio de mi sobriedad, guiada por la energía del Ser de mi madrina, quien siempre me extendió el perdón. No importaba lo que necesitara compartir con ella; ella siempre respondía con perdón. Ya sea que hubiera hecho algo muy vergonzoso, actuado mal en una relación o enfrentado dificultades en mi recuperación, su respuesta inquebrantable era: "Puedes perdonarte". En ese momento quizá no sabía cómo perdonarme, pero sus palabras eran suficientes para que el perdón traspasara la vergüenza. Su energía del Ser y su dedicación al perdón me proporcionaron el apoyo que necesitaba para liberarme del ciclo de culpa y vergüenza.

PERDONARTE A TI MISMO ES UNA EXPERIENCIA ESPIRITUAL

Con el tiempo, la capacidad de mi madrina para ver mis partes adictivas a través de la lente del perdón se transfirió a mí. Acepté el alivio de dejar que mi parte se liberara y darle espacio para que ella se sintiera sustentada en el amor. Cuando comencé a aplicar el proceso de revisión con mi parte adicta, empecé a experimentar momentos espontáneos de perdón a mí misma. Una vez, en una meditación, la vi parada frente a mí; estaba llorando y desesperada. Sentí que mi corazón se abría mientras las palabras intuitivas surgían de mí: "Te perdono, Gabby". Esta oleada espontánea de compasión y conexión del Ser inundó todo mi cuerpo. El alivio se reflejó en la cara de mi parte adicta, su frente se suavizó y tomó una respiración profunda. Al sentirse conectada al Ser, pudo liberarse de la vergüenza del pasado y sentirse libre. Esta poderosa visión me permitió ver todas las cosas vergonzosas que había hecho y las cargas que había llevado bajo una luz completamente nueva, a través de una nueva lente de compasión. En este momento espontáneo de aceptación de mí misma, pude ver la parte adicta con amor y respetar el rol que había desempeñado en mi vida. Sentí que la parte se suavizaba dentro de mí a medida que la energía del Ser guiaba el perdón para que se instalara.

Aunque un despertar espiritual espontáneo de perdón a ti mismo puede parecer lejano, confía en que a lo largo de este libro has estado dando pasos radicales hacia él. Cada vez que has revisado tus partes, has fortalecido el puente hacia el Ser. Conforme continúas haciéndolo, tu conexión con el Ser crece, al igual que tu conciencia sobre la motivación que hay detrás de tus Protectores. Con el tiempo, se vuelve más fácil reconocer que las partes sólo tienen intenciones positivas, para protegernos de alguna manera. Aunque quizá no aceptes por completo tus partes de inmediato, toma nota de los momentos en que reconoces sus intenciones positivas. Desarrollar esta perspectiva sobre tus partes te ayudará a comenzar a establecer una relación compasiva con ellas, permitiendo mayores posibilidades de perdonarte a ti mismo. De nuevo te digo que no tienes que forzar el perdón entre la parte y el Ser; tiene el poder de suceder de forma espontánea. (Te sorprenderá saber que esto es medible: se ha demostrado que cuando las personas son guiadas a través de meditaciones de perdón, inspiradas en SFI, reportan una mayor capacidad para perdonar, no sólo a sí mismos, sino también a otros.)[1]

Una señal de que el perdón a ti mismo se ha instalado es cuando ya no te sientes avergonzado de tu Protector. Puedes tener compasión por la parte o verla con más claridad a través del entendimiento de sus intenciones. Puedes sentirte más conectado internamente y abierto a formas creativas de cambiar patrones. Las cualidades C del Ser surgen de forma natural, y conforme se desarrollan, el perdón hacia ti mismo puede manifestarse.

ROLES NUEVOS Y VALIOSOS

Perdonarte a ti mismo les ofrece a las partes la oportunidad de asumir nuevos y valiosos roles en nuestro mundo interno y externo. La parte de mí de 25 años, la adicta a la cocaína, es una parte importante de quien soy hoy: la tengo en alta estima. Y vaya que trabajó duro. A través de la lente del perdón a mí misma, puedo ver cuánto luchó para mantenerme a salvo, y por eso la amo, tengo compasión por ella y estoy agradecida con ella. Puedo ver con claridad que, aunque causó mucho sufrimiento, desempeñó un papel significativo en mi vida. Al recordar sus comportamientos extremos pasados, ahora la veo a través de la lente de la compasión, y comprendo que sólo tenía intenciones positivas para protegerme de una parte exiliada que no estaba lista para enfrentar.

Mientras escribo este libro, ella ha estado sobria durante 19 años. Ya no está agobiada por su extrema adicción y ahora puede dirigir su energía como una fuerza para el bien. Prospera estando clara y en control, y logra mucho. Su productividad supera la de la mayoría de las personas; puede conseguir en un día lo que a otros les lleva mucho más tiempo. ¡Es una súper productora! Posee una habilidad extraordinaria para energizar e inspirar a una sala llena de miles de personas. Su alta vibración es contagiosa. Ahora que se siente segura y confía en el Ser, puede emplear sus apasionadas cualidades energizantes como una fuente de bien en el mundo.

Ésta es la esencia del perdón hacia uno mismo: en lugar de avergonzar a tus partes, reconoces y valoras sus roles, guiándolas para aprovechar sus fortalezas para fines positivos.

PERDONAR UNA PARTE TIENE UN EFECTO DOMINÓ

Tenemos muchas partes de nosotros que viven en conflicto dentro de nuestro sistema familiar interno. Las partes están en conflicto e interconectadas al mismo tiempo; por lo tanto, cuando una parte se activa, otras se activan. Lo mismo pasa con una parte que se conecta con el Ser: si una parte experimenta el perdón hacia sí misma, otras partes Protectoras pueden beneficiarse de esa conexión. El Ser engendra más Ser.

Presencié este efecto dominó en mi propio mundo interior. A medida que me sentía cada vez más cómoda perdonando a mi parte adicta a las drogas, se instaló la compasión del Ser hacia otras partes adictivas persistentes. Por ejemplo, cada vez que me volvía controladora u obsesiva en el trabajo (otro Protector), notaba que una parte humillante intentaba tomar el control. Esta parte intentaba avergonzarme por actuar mal o por desbordarme frente a mis empleados. Con mi nuevo músculo de perdón hacia mí misma, pude iniciar de forma natural el proceso de revisión con la voluntad de perdonar. Conforme más energía del Ser fluía a través de mí, podía sentir surgir orgánicamente una sensación de apertura del corazón. Esta conciencia elevada permitió el proceso de perdón para cada parte interna. Me suavizaba hacia todas las partes, expresando respeto y gratitud por los roles significativos que han desempeñado en mi vida. Perdonar a una parte detonó un efecto dominó.

EL PERDÓN NOS ES CONCEDIDO

Mi esposo, Zach, edita todos mis libros. Esta colaboración es un regalo para los dos. Yo recibo una gran edición y él tiene la oportunidad de poner a prueba mis ideas más recientes para vivir una vida más plena. Durante años le hablé sobre los SFI, dándole sugerencias, queriendo ayudarlo a conectarse con su interior. Siempre me encontraba con la misma resistencia: "Me alegro de que te funcione, pero no es para mí". Pero ahora algo cambió, y a lo largo del proceso de edición de este libro noté que Zach tenía cada vez más interés en sus partes. Me hacía preguntas o mencionaba casualmente que había intentado hacer una revisión con una parte. Luego, una tarde, mientras yo estaba fuera por trabajo, recibí una llamada de Zach. "Me duele mucho la espalda. ¿Crees que podríamos revisarla?" Hice lo mejor que pude para no gritar de emoción por el teléfono: estaba emocionada de compartir este proceso con él.

Dedicamos 30 minutos a revisar el dolor de espalda de Zach mientras surgían varios otros Protectores. Uno en particular captó su atención: el juicio a sí mismo. Conforme extendía su curiosidad hacia la parte juzgadora, descubrió que había sido una presencia constante en su vida. Mientras presenciaba cómo esta claridad se encendía dentro de él, canalizaba mi energía del Ser y preguntaba: "¿Cómo te sientes ahora?".

Después de un momento de silencio, respondió: "Me siento aliviado, puedo liberarme". Continuó: "Reconozco por primera vez que este juicio no es algo que necesito cargar. Está reprimiendo un sentimiento arraigado desde mi infancia que debería abordar".

Inhalé profundo, permitiendo que la sabiduría del Ser fluyera a través de mis palabras. "Exactamente, amor mío. Tu conciencia es la clave: abre tu corazón a esta parte, invitando al Ser a ayudar."

El coraje de Zach para revisar y tomar conciencia de quién estaba dentro fue suficiente para que abriera su corazón y permitiera que el Ser ayudara. Las palabras "Me siento aliviado, puedo liberarme" fueron un momento espontáneo de sanación para Zach, porque por primera vez logró perdonar una parte que había estado dirigiendo su vida durante tantos años. Pudo separar la parte de sí mismo y reconocer su coraje por mantenerlo a salvo. Al hacerlo, pudo desvincularse de la parte, permitiendo que se instaurara el alivio. Su dolor de espalda disminuyó y la presencia tranquila del Ser le ofreció un espontáneo perdón a sí mismo.

Esto fue un milagro y un punto de inflexión fundamental en la vida de Zach. Este milagro de perdón hacia ti mismo también está disponible para ti. No tienes que forzarlo ni descifrar nada. Siguiendo el proceso de revisión descrito en este capítulo, les enviarás un mensaje a tus partes de que perdonarlas es posible. La promesa de esta práctica es una mayor conciencia del Ser y un acceso más fácil a la seguridad interior y la sanación verdadera. Cuando se reconoce el arduo trabajo que ha realizado una parte, puede liberar la carga de la vergüenza y, en cambio, respetar su rol en el sistema interno. Cuando se trae a primer plano la motivación subyacente detrás del Protector, la parte ya no necesita seguir con lo que hacía.

Perdonar a las partes es, en última instancia, una experiencia interior intuitiva que sucede de forma espontánea. A través del proceso de revisión, te guiaré ahora para abrir tu corazón a la experiencia espiritual de perdonar una parte. Cuando cambiamos nuestra percepción de nuestras partes, recibimos un alivio milagroso y una nueva percepción de nosotros mismos. Considera que perdonarte a ti mismo puede sentirse lejano en este momento. Es muy probable que tus partes todavía estén resistiéndose a la idea de que el Ser está dentro. No te enfoques en el resultado del ejercicio; más bien, confía en que abrir tu conciencia a la posibilidad de perdonarte es suficiente para poner en marcha el proceso.

El perdón no se presenta de la noche a la mañana; es una conexión natural que se cultiva con el tiempo. Recuerda, las partes tienen un trauma profundamente arraigado, resistencia, miedo, vergüenza y falta de confianza en el Ser. La idea de perdonar a una parte (en especial un Bombero extremo) puede provocar miedo y ansiedad en algunas personas. Esto puede deberse a que se requiere vulnerabilidad y apertura para conectarse con estas partes. Algunas partes pueden sentirse abrumadas por sentimientos de vergüenza o culpa por volver a caer o permanecer estancadas en comportamientos extremos o inconscientes. Cuando las partes están atrapadas en roles extremos y protectores, es difícil ver sus verdaderas intenciones, que son protegerte. Ten esto en mente mientras sigues los pasos en este capítulo. Es probable que haya partes de ti que se interpongan en el camino del perdón a ti mismo, sin querer dejarte libre. Haz lo mejor que puedas para ser testigo de lo que surja y mantener la paciencia en el proceso. Ten en cuenta que incluso contemplar la idea de perdonar una parte muy extrema será un detonante. Por lo tanto, una vez más, no te recomiendo que apliques esta práctica a Exiliados o Bomberos. Elige trabajar con una parte que sientas menos extrema en tu vida.

PUEDES ELEGIR EL PERDÓN EN LUGAR DEL MIEDO

Tómate un segundo ahora para dirigir tu atención hacia tu interior y conectarte con una parte Protectora que ha estado contigo durante mucho tiempo. Una vez que sientas una conexión con esa parte, pregúntate: "¿Estoy dispuesto a perdonarla?". Observa la respuesta. Quizás escuches un rotundo: "¡De ninguna manera!", o tal vez notes una sensación de apertura. Sigue tu propio guía interior y determina si te sientes listo para revisar. Como siempre, si percibes que es demasiado pronto o abrumador, sólo lee la práctica sin seguir los pasos. Para escuchar el audio guiado de esta práctica, en inglés, visita DearGabby.com/SelfHelpResources.

Si notas incluso la más mínima disposición para perdonar una parte, tómate un momento ahora para **elegir revisar**. Recuerda: para poner en marcha el proceso espiritual todo lo que requieres es la voluntad de perdonar. Conéctate internamente, ofreciendo la voluntad de perdonar a cualquier parte que esté presente en ti ahora. Concéntrate en una parte que necesite tu atención y, cuando estés listo, da el siguiente paso de la curiosidad.

Abre tu corazón a la parte ofreciéndole **curiosidad**. Hazle las siguientes preguntas a la parte:

- ¿Qué edad tienes? ¿Tienes género? ¿Hay algún pensamiento, sentimiento o sensación que quieras que yo conozca?
- ¿Cuál es tu rol en mi sistema interno?
- ¿Estás tratando de protegerme?
- ¿Cuánto tiempo has tenido este rol?
- ¿Te gusta este rol?
- Si ya no estuvieras en este rol, ¿qué otra cosa podrías hacer?
- ¿Cómo se siente pensar en eso?
- ¿Sientes una emoción fuerte, tensión o dolor? ¿Te sientes entumecido?
- ¿Hay algo más que quieras que yo sepa?

Luego coloca ambas manos en tu corazón y centra tu atención en los sentimientos y sensaciones internas, ofreciendo un espacio seguro para que la parte sea presenciada con amor.

A continuación, **conecta compasivamente** con la parte **explorando sus intenciones positivas**. Ahora tómate un instante para considerar las intenciones positivas de la parte y su devoción hacia ti. Abre tu corazón a una comprensión más profunda de su rol y función en tu sistema interno.

- Tómate un momento para reflexionar sobre cuánto ha trabajado el Protector para defenderte de tus Exiliados.
- Reconoce sus intenciones positivas: ha estado tratando de protegerte o servirte de alguna manera, aunque sus acciones no siempre hayan sido buenas.
- Observa si sientes que surgen algunas cualidad C, y ofrécelas a la parte tan sólo haciéndole saber cómo te sientes.
- Ofrécele tu presencia a la parte. Simplemente quédate con los sentimientos internos y con cualquier pensamiento o emoción que surja. Dale espacio.

ESCRÍBELE UNA CARTA A LA PARTE

Lleva esta práctica un paso más allá y abre tu diario para escribirle a la parte. Antes de comenzar, conéctate con la energía del Ser que está disponible para ti. Siente las emociones del Ser y permite que esa energía guíe este ejercicio de escritura. Abre más tu corazón y escribe una carta a la parte, permitiendo que la energía de apoyo y compasión del Ser tome la iniciativa. Mientras escribes, reflexiona sobre cuánto ha trabajado la parte para mantenerte seguro y cuánto miedo debe tener. Abre tu conciencia del Ser mientras escribes con libertad, dirigiendo la energía hacia el importante rol que la parte ha desempeñado en tu vida. Permite que el Ser guíe el camino.

Cuando sientas que has terminado, de nuevo coloca con suavidad tu mano sobre tu corazón y tómate un momento para leer lo que has escrito. Ahora enfoca tu atención en cualquier cualidad C del Ser que esté presente en la escritura, en tu cuerpo o en tu mente. Luego, revisa de nuevo.

- ¿Cómo te sientes ahora respecto a la parte?
- ¿Nota la parte que el Ser está ahí? ¿Siente la energía del Ser?
- ¿En este momento la parte confía en el Ser?
- ¿Sientes una conexión más fuerte entre el Ser y la parte?

Tómate un momento para documentar cómo te sientes, o sólo quédate con el sentimiento y permite que impregne tu ser. Si no pudiste sentir una conexión con el Ser durante este ejercicio, confía en que tu curiosidad y disposición para practicar el ejercicio fueron suficientes para dejar pasar una molécula del Ser. Practica la paciencia y acepta el desarrollo de este proceso; en lugar de obligar a la parte a conectarse con el Ser, permite que la conexión se revele de modo natural. La conexión con el Ser crea la oportunidad para que se instaure el perdón, pero esto puede llevar tiempo. Por lo tanto, incorpora tu nueva disposición a tu proceso de revisión dedicado a perdonar a tus partes. Permite que el Ser te guíe a través de los pasos que he indicado. El secreto de perdonarte a ti mismo es rendirte y permitir que el Ser revele el cambio.

LA PROMESA DEL PERDÓN

Te prometo que cuanto más te comprometas con el hábito diario de revisar tus partes, más fácil será experimentar el perdón hacia ti mismo. Tu voluntad de perdonar y revisar te guiará hacia una nueva forma de vivir. Conocerás un nuevo nivel de confianza interna, que se desarrollará más con el tiempo. Cada vez que reconozcas genuinamente, honres y respetes una parte por su rol, le ofreces la oportunidad de sentirse segura y respetada, de ser perdonada. Esta conexión segura es todo lo que necesita para confiar en que puede ser perdonada, calmarse y, en última instancia, asumir un nuevo rol valioso en tu interior. Mantén activa esta conexión permaneciendo abierto y dispuesto a perdonar a tus partes cada vez que dejes entrar al Ser. Recuérdale a tu parte que no estás ahí para cambiarla, sino para ayudarla. Entonces, cuando de forma natural perdones a una parte, será más fácil relacionarte con tus otras partes de la misma manera.

EL PERDÓN A UNO MISMO EN ACCIÓN

Mi capacidad para perdonar a mis partes me ha dado claridad y me permite comprenderlas. Conforme me desvinculo de las partes y creo una conexión más fuerte con el Ser, tengo una mayor conciencia de cómo su comportamiento daña a otros. Presencié esto hace poco cuando asistí a un grupo de *mastermind*, un grupo de tutoría profesional, con otros autores. En los entornos grupales, con frecuencia aparece una parte mía "mandona" que quiere tomar el micrófono y comenzar a liderar la sesión. Desde el momento en que entré por la puerta de este *mastermind* esta parte mandona estaba en plena acción, interrumpiendo a los oradores con preguntas, dando consejos no solicitados y monopolizando la conversación por completo.

Al final del día, noté que la vergüenza comenzaba a surgir dentro de mí. En un intento por desviar esta incomodidad, hice comentarios ligeros a mis compañeros, como: "Ya me conocen, puedo ser súper agresiva", o bromeando: "¡Siento que he estado gritando a todos durante una hora!". Estas bromas servían como un mecanismo de protección, una forma de silenciar al crítico interno implacable que se sumergía en la vergüenza.

Salí del evento temprano para evitar más momentos incómodos o embarazosos. Al llegar a casa, me acosaba una sensación persistente de vergüenza, como una resaca de los eventos del día, como si hubiera regresado a viejos hábitos que ya no me servían. En lugar de sucumbir a la carga de la vergüenza, me conecté conscientemente con la parte "reparadora" que había sido tan controladora al principio del día. Pasé tiempo revisando con la parte, conectando a través de la curiosidad.

A medida que profundizaba más, abría mi corazón a sentimientos de compasión, preguntando a la parte: "¿Qué necesitas?". En respuesta, susurró: "Necesito perdón". Tomé un momento para inhalar profundamente, colocando mi mano sobre mi corazón, y exhalar, sintiendo cómo me invadía una profunda sensación de alivio. En ese instante, recordé que poseía la capacidad de extender el perdón en lugar del juicio. Podía *elegir* dejarla libre al verla a través de una lente compasiva. Me di cuenta de que, aunque puede mostrar momentos de asertividad (y quizá molestar a la gente), en última instancia conlleva intenciones positivas y un corazón amoroso. Pude ver que, si bien esta parte puede ser intensa, también es la parte de mí que es capaz de dominar un escenario, ofrecer consejos a la audiencia sin miedo y enseñar con autoridad. Pude ver a la parte con compasión por su necesidad de ser vista y al mismo tiempo agra decerle por su rol de apoyo. La vergüenza se disolvió mientras establecía una nueva perspectiva y el perdón hacia mí misma se sarrollaba de manera natural.

Esta historia ejemplifica que el perdón es un regalo que s otorga y que se vuelve disponible cuando tenemos la volur recibirlo. Así que la próxima ocasión que te descubras juz criticando una parte, comienza el proceso de revisión con ' ción: "Estoy dispuesto a perdonar esta parte y verla a travé del amor". El perdón hacia ti mismo permite que tus par servadas a través de la compasión en lugar del juicio. L no es que nunca vuelvas a caer en viejos patrones, sinc empoderado para perdonar a la parte y elegir de n ofrece a las partes claridad y compasión, permitiér extremas y usar sus dones para el bien. No es que me de mi "mandona"; sólo quiero permitir qu mostrarse de maneras tranquilas y valiosas.

LAS PARTES PUEDEN ESTAR PRESENTES JUNTO AL SER

Antes en este libro, presenté un Protector al que llamo "cuchillos afilados". Esta parte se ponía a la defensiva ante cualquier ataque que percibía hacia mi carácter. Conforme me he conectado más con el Ser, esta parte se ha suavizado de forma notoria. Sin embargo, justo una hora antes de escribir este pasaje, mi parte de "cuchillos afilados" se reactivó de forma dramática.

Tuve algunos problemas en la recepción del consultorio de mi médico. Esto fue especialmente frustrante porque me sentía muy dependiente de mi médico. Un malentendido sobre la facturación dio lugar a una llamada telefónica urgente y agresiva de su parte exigiendo que le pagara de inmediato. Este enfoque acusatorio, carente de cualquier sensibilidad, tocó una fibra relacionada con mi pasado: una parte infantil que creció con inseguridad financiera.

En mi vida adulta, he compensado esto al siempre asegurarme de pagar a tiempo. Así que cuando me llamaron del consultorio, eso detonó en mí una reacción defensiva. La ira y las lágrimas se transmitieron por el teléfono, mientras defendía mis acciones y señalaba que sus procesos necesitaban una seria mejora.

Después de colgar el teléfono, sentí calma. No me avergonzaba mi reacción. De hecho, me sentía algo orgullosa de haberme defendido, algo que no habría podido hacer antes.

Como quiso el Universo, en el momento en que colgué el teléfono, Dick Schwartz me llamó para saludar. Contesté el teléfono: "¡Buen momento, amigo mío!". Luego, de inmediato le lancé una pregunta a Dick que había estado considerando. "Si una parte Protectora aparece cuando en realidad estás tratando de cuidarte, ¿eso necesariamente es algo malo? ¿Significa que el Ser no está presente?" Él rio y respondió: "La parte está ahí con el Ser. Tal vez no estés tan fusionada con esa parte como para que te abrume por completo;

todavía puede haber una conexión con el Ser que brilla a través de todo".

Su respuesta me hizo darme cuenta del valor del tiempo que había pasado conociendo a "cuchillos afilados". En el teléfono, en lugar de fusionarme por completo con ella, le permití que me cuidara mientras aún sentía la presencia de la energía del Ser. Yo estaba algo entrelazada con la parte, pero no completamente consumida por ella. "Cuchillos afilados" no dominó la escena; más bien, intervino para protegerme de la mejor manera que sabía en ese momento, con la energía del Ser presente al mismo tiempo.

Una hora más tarde, revisé con "cuchillos afilados" y le pregunté qué necesitaba. Su respuesta fue clara: "Necesito hacer las paces con la señora de la recepción". No venía de un lugar de vergüenza o arrepentimiento, sino de un deseo de respeto mutuo. Podía ver que la parte sabía que estaba bien defenderse, hacer comentarios sinceros y cuidarme. Reconoció la importancia de su rol protector, pero también era consciente de la manera poco diplomática en que dio el mensaje. Invitó al Ser a ayudarla a hacer las paces, y eso es justo lo que hizo.

A través de mi devoción al perdón hacia mí misma, "cuchillos afilados" desempeña un rol importante en mi vida hoy. Esta parte, que una vez fue extrema y ahora está conectada al Ser, tiene la capacidad de hablar su verdad con confianza y mantener límites firmes. Este cambio es tan profundo que incluso le he cambiado el nombre a la parte. Hoy, me refiero a ella como una parte de límites que cuida de mis necesidades.

PERDONAR A LAS PARTES DE OTRAS PERSONAS

Sucede algo increíble cuando te acostumbras a perdonar tus propias partes; se vuelve más sencillo perdonar las partes de los demás. Hace poco he notado que ciertas cosas que hace mi esposo y que antes me molestaban, ahora activan mi curiosidad y compasión. En lugar de decir: "¿Qué te pasa?" con un tono acusatorio, preguntaré: "¿Necesitas ayuda?". Esta indagación y ajuste genuinos en mi energía le ofrecen a sus partes activadas respeto, compasión y la habilidad de expresarse. Incluso si él está profundamente fusionado con una parte y no puede conectar en ese momento, yo puedo permanecer en el Ser y darle espacio para su experiencia. Y él puede hacer lo mismo por mí, lo que permite una relación guiada por el Ser con más naturalidad.

Ver a las personas como una multitud de partes te da la capacidad de crear conexiones profundas y significativas. No puedo contar las veces en mi vida en que un extraño me ha afectado con su energía negativa (alguien en la calle, un cajero en una tienda, una persona en una llamada de Zoom) y en vez de enfrentar su resistencia, respondo con amor. Mi elección de extender la energía del Ser a los demás ha permitido que sus partes se suavicen justo ante mis ojos. Una vez escuché a mi difunto amigo y mentor, el Dr. Wayne Dyer, decir en una conferencia: "Ve la luz en los demás, y trátalos como si eso fuera todo lo que ves". Elegir ver la luz en ti mismo amplía tu capacidad de ver la luz en los demás. Al conectar con tus partes y entender compasivamente tu propio sufrimiento, puedes reconocer con mayor facilidad el sufrimiento de los demás. En lugar de avergonzarlos, puedes elegir verlos a través de la lente del Ser de forma natural, a través de la lente de la luz.

Aquí se presenta un ejemplo reciente para ilustrar el punto. Durante un taller que dirigí, la organizadora de eventos del lugar caminaba con "cara de pocos amigos" y apenas podía mirarme a los ojos. Al principio, mis partes se activaron por su vibra general, pero en lugar de permitir que me afectara, elegí revisar. Al participar en el proceso de revisión, me conecté con la parte activada dentro de mí. Cuando terminé el proceso, escuché cómo surgía una voz intuitiva interna: "Mírala como una asignación espiritual, mírala con amor". Con la guía del Ser, esta única revisión transformó mi día por completo. Una vez que supe que estaba en verdad conectada con la energía del Ser, me comprometí a irradiarla genuinamente hacia ella durante todo el día. Durante el almuerzo, me acerqué a ella con preguntas sobre su vida, llenas de una curiosidad sincera. Más tarde, cuando vi que ella volvía a un estado de baja vibración, le envié una oración en silencio.

Conforme avanzaba el día, su energía parecía aligerarse, e incluso contó un chiste. Después de que concluyó el taller, fue a verme al camerino. "Gabby, lucho con una grave ansiedad social, y a veces me resulta difícil desempeñar mi trabajo. Pero hoy, por alguna razón, me sentí tan conectada contigo, y eso realmente me tranquilizó. Gracias." Guau, qué milagro. Mi energía del Ser facilitó su acceso a su propio sentido de calma, a su propio Ser auténtico.

Soy afortunada por tener la oportunidad de participar en este tipo de experiencias todos los días, todo porque he adquirido el hábito de revisar mis partes y realinearme con el Ser. Al reconocer la luz dentro de mis propias partes, puedo abrazar la sabiduría de Wayne. Veo la luz en los demás y los trato como si eso fuera todo lo que veo.

Nunca subestimes los desafíos que alguien podría estar enfrentando. Cada persona lleva consigo una colección de partes que permanecen vigilantes y en alerta máxima, listas para protegerlos cuando se activan. Ver la condición humana a través de esta lente ayuda a iluminar la fuente de su sufrimiento. Cuando nosotros, como individuos, cultivamos una conexión de confianza entre nuestras partes y el Ser, perdonando nuestras partes, cultivamos la empatía y la compasión hacia los demás. Al establecer una energía colectiva del Ser, cambiamos la energía en todo el mundo. Nunca subestimes el poder de tu conexión individual con el Ser.

UNA NOTA PARA LOS EMPÁTICOS

Quiero iluminar a los empáticos que están leyendo esto. Es posible que te sorprendas pensando en las partes de otros con las que te gustaría entablar amistad. Tómate un momento para notar ese anhelo y dirige tu atención hacia tu parte que prioriza servir a los demás antes que servirte a ti mismo. La única manera de ser una expresión verdadera de la energía del Ser para otros es encarnarla desde el interior. Si buscas tener un impacto positivo en el mundo, el primer paso es realinearte con tu Ser genuino. Recuerda, el libro se llama *Autoayuda*, no *Cómo ayudar a todos los demás*. Presta atención a tus partes internas que quieren anular tu propio viaje de sanación, en un esfuerzo por tratar de sanar a alguien más.

COMPARTIR VERDADES DIFÍCILES DESDE EL SER

Cuando experimentamos el poder de ser testigos de nuestros Protectores, podemos verlos con mayor facilidad en los demás. En el fondo, todos queremos lo mismo: amor y conexión auténticos. Amar y ser amados, eso es todo. Amar cada parte de quien eres te permite suavizar tu actitud hacia las partes de los demás. Sé que esto puede sonar como una frase en un tapete de un estudio de yoga, pero hoy puedo decir con todo mi corazón que estas palabras son verdaderas: ser realmente amado sucede cuando aprendemos a amar cada parte de nuestro interior. Éste es el verdadero significado del amor propio.

Perdonar a una parte es el acto más grande de amor propio y permite que se instale una profunda sensación de seguridad y paz. Cuando dejamos que nuestras partes se liberen y conectamos con nuestro interior con compasión, les enviamos un mensaje a todas nuestras partes de que son amadas. **El verdadero antídoto para**

nuestro sufrimiento interno viene cuando amamos y aceptamos todas nuestras partes. Ser amado es amar cada parte de quien eres.

Perdonar a nuestras partes nos permite percibirnos a nosotros mismos y a los demás con comprensión. La profunda experiencia del perdón hacia ti mismo no sólo abrirá tu corazón, sino que además te otorgará una vida enriquecida con mayor significado y serenidad. Me gustaría concluir este capítulo compartiendo una cita de Dick Schwartz que encapsula bellamente este sentimiento: "Al abrazar y amar todos los aspectos de nosotros mismos, podemos extender ese amor a toda la humanidad y, al hacerlo, desempeñar un rol en la sanación del mundo".

CAPÍTULO 11

Confía en ti mismo

Hace poco omití un mes entero de terapia debido a mi agenda de viajes. Cuando reanudé las sesiones, le dije a mi terapeuta: "Ya sabes, sin ofender, pero me siento realmente muy bien, incluso sin nuestras sesiones".

"Eso es porque estás practicando la 'autoayuda'", respondió. ¡Tenía razón! Con más confianza en el Ser, podía buscar apoyo en mi interior. El Ser podría ser el líder interno en quien confiar. Esto no le quitaba valor a mi terapia, sino que la mejoraba. Podía cuidar de mis partes en cualquier lugar y en cualquier momento sintiéndome guiada y apoyada. Nunca estaba sola en mi sufrimiento.

En ese momento no era consciente, pero por instinto comencé a recurrir al Ser a lo largo del día. A veces sólo por momentos fugaces, pero eso no importaba. Lo que contaba era que estas conexiones constantes estaban fomentando una sensación de seguridad interna.

Cuando me sentía alterada, por instinto me hacía a un lado y revisaba, explorando la parte y sus pensamientos y emociones subyacentes. Me abría a mi curiosidad, sacando a la luz más de estos sentimientos. Luego me apoyaba en la conexión compasiva, preguntando qué necesitaba. Una vez que notaba las cualidades C del Ser dentro de mí, de forma natural presenciaba cómo la parte se suavizaba y se instalaba una sensación de seguridad y tranquilidad. Esta revisión diaria se volvió habitual e instintiva.

Mi compromiso con la repetición diaria del proceso de revisión me ayudó a ser menos reactiva y más presente y compasiva hacia cada parte de mí. Con la conexión constante con mi interior, ya no tenía que hablar *como* mis partes sino *por* mis partes. Por supuesto, a veces me siento rebasada por una parte, pero el Ser sigue estando conmigo. Puedo estar en la parte, dándole espacio para actuar, gritar o hablar, sabiendo todo el tiempo que el Ser está presente con la parte, dándole espacio para que sea vista y escuchada. El objetivo nunca ha sido evitar entrar en pánico o tener emociones extremas, sino permitir que mis partes expresen con libertad sus necesidades. El contacto constante con las partes les permite sentirse libres internamente para obtener la ayuda que necesitan.

INTEGRACIÓN

Esta conversación con mi terapeuta me ayudó a ver lo integrado que había llegado a estar mi sistema familiar interno. Todas mis partes trabajaban juntas en armonía, dando espacio para que el Ser avanzara y apoyara los sentimientos activados. Podía ver que, a través de mi conexión con el Ser, mis Protectores no tenían que tomar el control. La parte controladora podría aparecer en el trabajo y el Ser estaría allí para ayudar. La parte temerosa podría expresar sus necesidades y el Ser estaría presente para escucharlas. Cuando me sentía a la defensiva, surgía la parte de límites que solía llamar “cuchillos afilados” y yo respiraba profundo en los sentimientos de forma natural, abriendo espacio para revisar. Sobre todo, podía mirar todas estas partes con conexión, confiando en que el Ser cuidaba de todas ellas. Con esta confianza en el Ser, todas mis partes podrían coexistir pacíficamente sin dominarse unas a otras. Cuando mi familia interna de partes Protectoras ganaba confianza en el Ser, ya no intentaban tomar el control; en cambio, confiaban en que el Ser siempre estaba allí para ayudar. Ninguna parte se interponía en esta conexión, y todas estaban de acuerdo en permitir que el Ser ayudara.

Los SFI llaman a esta experiencia *integración*. Se presenta al fomentar un sentido de cooperación, comprensión y colaboración entre las partes en el sistema familiar interno. En lugar de que las partes estén en conflicto entre sí, pueden estar más equilibradas y armoniosas al establecer una relación saludable entre ellas.

Experimentar esta integración me permitió sentir de primera mano lo que implicaba tener todas las partes confiando en el Ser. Aunque las partes aún podían activarse, ninguna de ellas tomaba el control. En cambio, podían sentir sus sentimientos con libertad y expresar sus necesidades, mientras permitían que el Ser ayudara. Confiaban en que el Ser podía cuidar de ellas. Experimenté el milagro de los SFI: equilibrio e armonía internos. Cuando las partes están en armonía y el conflicto interno se resuelve, podemos recorrer la vida (y sus desafíos) con calma. Cuando las partes trabajan juntas con el Ser como líder, todo es posible.

LA CONFIANZA EN EL SER LLEVA A UN EQUILIBRIO Y ARMONÍA

Cada momento de conexión con el Ser te ayuda a establecer más confianza en ti mismo. Como cualquier relación, la confianza en el Ser requiere tiempo y la repetición de conductas. Cuanto más te conectas, más confianza adquieres. Imagino que has experimentado momentos de confianza en el Ser en el camino. Tal vez tuviste una sensación interna de calma que te ayudó a tomar una decisión importante. O tal vez sentiste la presencia de compasión por una parte, permitiéndote liberar esa parte. Cada encuentro con el Ser le envía un mensaje a tu cerebro de que estás a salvo, que existe ayuda dentro de ti y que no estás solo. Estos momentos sutiles se acumulan y con el tiempo se realiza la confianza en el Ser y se establece un equilibrio interno. Tus partes están en armonía con el Ser.

Todos buscamos equilibrio y armonía en nuestra vida. Y tratamos de lograrlo con el gimnasio o yoga, meditación, o tiempo para nosotros mismos. Lo que he llegado a comprender es que estos acontecimientos puntuales pueden dar un alivio temporal a una vida que de otra manera sería estresante, pero *no* son el camino hacia el equilibrio. El equilibrio surge cuando nuestro mundo interior está en armonía. La confianza en el Ser te permite sentirte con fe y estar dirigido por una presencia tranquila y conectada internamente. Incluso ante eventos desafiantes de la vida o contratiempos, siempre sabes que hay seguridad dentro de ti. El secreto de vivir con equilibrio es confiar en el Ser.

También he sido testigo de este equilibrio con una amiga. Su equilibrio interno creció conforme practicaba el proceso de revisión, facilitando así la conexión con la energía del Ser. Durante años luchó con una parte "híper exigente" que aparecía en cada área de su vida: crianza, trabajo, romance e incluso su rutina de ejercicio. Con el tiempo, gracias a su dedicación al proceso de revisión, pudo reconectarse con el Ser, lo que le permitió al final liberar su dependencia de la validación externa para sentirse segura. Notó que su parte de "híper exigente" ya no buscaba la aprobación de los demás para sentirse digna, lo que calmó sus tendencias controladoras. Sin la presión de tener éxito para sentirse segura, su parte "complaciente con las personas" se relajó. Cada conexión con el Ser le proporcionó a sus partes la confianza necesaria para relajarse. Con la energía del Ser presente, sus partes podían calmarse, y le daban una sensación de equilibrio que reconfiguró su actitud, energía y vida.

El verdadero equilibrio surge de la armonía y seguridad internas, no de cambios externos. Cuando te sientes seguro por dentro y confías en el Ser, puedes moverte por la vida con mayor facilidad. Tu seguridad interna te ofrece el coraje para tomar riesgos, la claridad para crear cambios y la calma para encontrar una salida a cada obstáculo. Cuando confías en el Ser, vives una vida orientada.

ABORDA CUALQUIER RESISTENCIA A CONFIAR EN EL SER

Con frecuencia, confiar en el Ser es difícil al inicio. Los Protectores no creen que sea seguro confiar en alguien, y mucho menos en una presencia interna invisible. Pero si hay esperanza eso es suficiente para romper la barrera de protección. Mis historias, las palabras en este libro y el hecho de que se ha demostrado que las cualidades del Ser mejoran la vida de las personas de manera tangible —desde dormir mejor hasta tener mejores relaciones y una mayor autoestima—,[1] les ofrecen a tus Protectores pragmáticos no sólo esperanza sino incluso una prueba de que la autoayuda funciona. Tomemos un momento para anular cualquier creencia limitante que te impida confiar en el Ser.

Este proceso de revisión está diseñado para ayudarte a conocer cualquier parte que se esté resistiendo al Ser. Ésta es una oportunidad para ofrecerles a estas partes resistentes la oportunidad de expresar cualquier preocupación que puedan tener sobre confiar en el Ser. A lo largo del libro, has adquirido una mayor conciencia de tus Protectores, lo que significa inherentemente que has establecido un sentido de separación de ellos. Por ejemplo, cuando mi esposo pudo contactar y revisar su dolor de espalda, en lugar de ser superado por el dolor, pudo ver su espalda como un Protector. Como Zach, espero que tú hayas tenido momentos en los que has sido testigo de que tus partes están separadas de ti, como Protectores. Cada vez que elegiste llevar a cabo una revisión, se inició la energía del Ser en forma de curiosidad o apertura hacia estas partes. Por lo tanto, puedo decir con certeza que en efecto has experimentado destellos del Ser.

¿Tus partes confían de todo corazón en el Ser? En mi experiencia, la confianza en el Ser se construye cuando sumamos una pequeña conexión a la vez. Una revisión, una oración para pedir ayuda al Ser, un ejercicio de escritura en un diario, una meditación. Un momento de presenciar una parte cada día desarrolla un nuevo músculo en tu interior, profundizando cada vez más la fe en el Ser.

Nuestra última revisión juntos está diseñada para honrar cualquier parte que aún pueda resistirse al Ser. Una forma poderosa de crear confianza es decir la verdad. En este proceso de revisión, guiaré a tus partes para que experimenten su resistencia al Ser, la observen, la honren y le den voz. Esta verdad es información valiosa e importante para cualquier relación. Establecer una comunicación de confianza entre el Ser y la parte —una relación que te apoyará para siempre— requiere claridad. Aquí y ahora, podemos permitir que tus partes expresen cualquier miedo y preocupación acerca de dejar que el Ser ayude.

REVISIÓN

Si te sientes llamado a practicar en este momento, **elige hacer una revisión** con cualquier parte que todavía no confíe en el Ser. (Toma en cuenta que es posible que ninguna de tus partes confíe en el Ser todavía.)

Luego, sé **curioso** acerca de esta parte. Tómate un momento para observar dónde se encuentra en tu cuerpo.

¿Hay algún sentimiento, emoción o pensamiento relacionado con ella?

Centra tu atención en esa parte y ofrécele algunas preguntas de curiosidad:

- ¿Eres consciente de que el Ser está aquí?
- De ser así, ¿cómo te sientes hacia el Ser?
- ¿Tienes esperanza de que el Ser pueda ayudar?
- ¿O te resistes a la confianza de que la conexión con el Ser sea siquiera posible?
- ¿Alguna vez has sentido un destello del Ser en un momento de fluidez o a lo largo del viaje de este libro?

Tómate tu tiempo para explorar con más curiosidad y haz cualquier pregunta adicional que surja de forma natural.

Una vez que puedas presenciar la parte como un observador, sabrás que estás listo para proporcionar una **conexión compasiva**. Saca un bolígrafo y tu diario y permite que la parte responda a las siguientes preguntas con libertad:

- ¿Eres consciente de que el Ser está aquí?

Tómate un momento para escuchar y responder.

- ¿Puedes sentir alguna resistencia a dejar entrar al Ser?

Describe cualquier sentimiento, pensamiento o sensación de resistencia.

- ¿Qué necesitas para confiar más en el Ser?

Escucha y responde.

- Si pudieras confiar en que el Ser cuidará de ti, ¿cómo te sentirías?

Permite que las respuestas fluyan.

- ¿Qué creencias, sentimientos, energías o emociones te gustaría ofrecerle al Ser?

Responde con naturalidad.

Busca cualquier cualidad C del Ser. Después de la última pregunta, observa si alguna cualidad del Ser surgió en respuesta a la pregunta: *¿cómo se siente el Ser hacia ti?*

¿Notaste alguna C: compasión, conexión, curiosidad, creatividad, coraje, calma, claridad, confianza? Al reflexionar, tómate un momento para notar si existe una sensación más profunda del Ser en tu interior.

Si sientes incluso la conexión más leve con el Ser, percibe cómo se siente en tu cuerpo.

- ¿Te sientes más presente?
- ¿Respiras diferente?
- ¿Te sientes con más claridad?
- ¿Tienes una sensación interna de sabiduría, calma o compasión?
- ¿Tienes una sensación de confianza?

Mantente con estos sentimientos por un momento, respíralos y dale a tus partes la oportunidad de sentir la energía del Ser. Siéntate y permanece quieto todo el tiempo que desees.

Cuando estés listo, puedes reflexionar sobre la experiencia en tu diario, documentando cualquier destello de conexión con el Ser que haya surgido. Observa si tu parte se siente aunque sea un poco menos resistente al Ser. Documenta ahora lo que percibes.

CONTACTO CONSCIENTE CON EL SER

Mi esperanza es que esta última revisión les ofrezca a tus partes el espacio para permitir que se disuelva incluso la más mínima resistencia. Cada destello de conexión con el Ser cuenta. Lo más importante para generar confianza en el Ser no es la rapidez con que se produce, sino la sencillez con la que lo haces.

Revisa durante cinco minutos al día

Cinco minutos al día de revisión con una parte permite que la energía del Ser se multiplique dentro de tu mundo interior. Una revisión a la vez abre tu conciencia y tu corazón para recibir autoayuda y atestiguar los cambios internos. Un pequeño giro diario hacia el interior tiene el poder de desarrollar un hábito instintivo que *cambiará* tu vida.

Celebra las C

A lo largo del libro, he compartido muchas historias de cómo mi fe en el Ser ha sanado mi vida. Soy prueba viviente de que el Ser puede ayudar. Aunque mis historias pueden darte esperanza, tus propios cambios internos son los que construirán tu confianza en el Ser. Presta mucha atención a los destellos del Ser en el camino y observa cómo se acumulan. Llevo a cabo una práctica nocturna de reflexionar sobre mi conexión con el Ser durante el día. Documento momentos de alivio dirigidos por el Ser o experiencias que solían estar dirigidas por partes, pero que ahora están más guiadas por el Ser. Dedico cinco minutos por la noche a celebrar las C del día. Esta práctica me ha permitido prestar mucha atención a mi relación en desarrollo con el Ser y a los grandes cambios en el camino. Cada conexión con el Ser es un milagro que hay que celebrar.

Considera tener un diario nocturno para capturar los momentos del día en que te sentiste conectado con el Ser. Reflexiona sobre un proceso de revisión que usaste o una situación que navegaste intuitivamente con facilidad. Dedica tiempo todos los días para reconocer y celebrar estas conexiones con el Ser.

Sigue estos dos compromisos diarios y pon atención en los cambios que ocurren dentro. La suma de cambios sutiles crea un cambio radical. Mantenlo simple y considera practicar una revisión de cinco minutos una vez al día. Tu contacto consciente con tus partes permite que se revele más el Ser.

LIDERAZGO DEL SER

Conforme profundicé en la conexión y la confianza en el Ser, mis partes compasivas y sabias evolucionaron más. Como resultado, se volvió más fácil para mí llevar esa energía al liderazgo de mi equipo, incluso en mis momentos más críticos. En una reunión fuera de la oficina, a mis empleados les mostré los SFI y les di a conocer el proceso de revisión con la intención de ayudarles a hablar *por* sus partes. Una empleada en particular se interesó realmente en el ejercicio y estaba ansiosa por aprender más sobre el proceso.

Meses después, pude experimentarlo al usar este proceso con ella en tiempo real. Nos conectamos en una videollamada para discutir un problema que teníamos en el trabajo. Antes de sumergirnos en el diálogo, le dije con confianza y calma: "Tengo una parte súper activada ahora mismo. Esta situación es muy detonante". Mi empleada sonrió y me agradeció por hablar por la parte. Una energía instantánea de tranquilidad preparó el terreno para la conversación. A medida que avanzábamos, hubo momentos en que la parte se activaba o se sensibilizaba más. En cierto momento hice una sugerencia sobre cómo manejar el problema que, sin intención, la ofendió.

Al notar esto, hablé por ella. "Lo siento mucho si eso te ofendió; no era mi intención." Pude ver que una parte de ella se activó y respondió a la defensiva para protegerse en ese momento. Después de hablar un poco más, pareció que lo habíamos solucionado y poco después terminamos la llamada.

Cinco minutos después, me envió un mensaje por Slack, y la conversación fue así:

Empleada: ♥ Gracias por reconocer tus partes hoy. Eso me permite hablar por las mías. Me di cuenta de que quizá tenía una parte que necesitaba reafirmar mi capacidad y rápidamente me percaté de que mi parte necesitaba calmarse un poco.

Yo: ¡Dios mío, qué genial hablar por nuestras partes! Ésta es la magia del liderazgo dirigido por el Ser que proporcionan los SFI. ¡Es maravilloso que estés dispuesta a hablar por tus partes!

Empleada: ¡Qué suerte tenemos! Mira el espacio que has creado para que nos sintamos cómodas hablando de esas partes.

Yo: Bueno, querida, muchas de mis propias partes apenas están aprendiendo a calmarse :) Tengo que hablar por ellas para no hablar COMO ellas :)

Empleada: ¡Me encanta! Realmente siento una conexión con tu forma de pensar y cómo se manifiestan tus partes y en verdad me permite crear cosas contigo en mente y poder comunicártelas.

Yo: Toda esta interacción es literalmente el mejor momento. Muestra lo fluida que puede ser la vida si hablamos por nuestras partes. Los problemas y malentendidos pueden resolverse sin esfuerzo.

Esta experiencia ejemplifica al Ser en acción. Mi capacidad para hablar y reconocer mi parte al inicio de la llamada me permitió mantenerme estable durante la conversación. Al presenciar mi capacidad para hablar por una parte, mi empleada pudo realizar lo mismo, lo que dio como resultado esta interacción milagrosa. Lo que antes podría haber tenido como consecuencia un resentimiento silencioso o un enfrentamiento incómodo, se transformó en una experiencia de unión entre dos compañeras de trabajo. Pudimos ver las partes de la otra con compasión, y así establecimos una conexión más profunda.

Imagina si tus encuentros con tus compañeros de trabajo pudieran ser así. Piensa en cuánto tiempo te ahorrarías. Esto se aplica a todas tus relaciones. ¿Qué pasaría si pudieras hablar conscientemente *por* tus partes en lugar de *como* ellas en cualquier conflicto? ¿Qué pasaría si tuvieras la capacidad de calmarte en el momento para que, en lugar de perder el control, satisfagas tus necesidades? Piénsalo. ¿No sería agradable relacionarte así con los demás? Bueno, amigo mío, esto es lo que sucede cuando construyes confianza en el Ser.

LAS PROMESAS DE CONFIAR EN EL SER

La experiencia interna de confiar en uno mismo ofrece una multitud de promesas. La autocompasión vendrá de forma natural, y te convertirás en el testigo no crítico de tus partes y sus necesidades. Cuando éstas se integran con el Ser, sentirás un corazón abierto y curiosidad por cada parte de quien eres. Cuando el Ser está al mando, reconocerás y aceptarás la parte de forma natural, considerando sus intenciones positivas, abriendo el espacio para que la parte se asiente instintivamente.

La presencia se instala

Cuando confías en el Ser, te vuelves presente y abierto a cualquier parte que surja. Se vuelve normal aceptar y honrar los pensamientos y emociones de tus Protectores. Puedes ser testigo de tus sentimientos y sensaciones y hablar *por* ellos con facilidad.

El Ser se manifiesta

Uno de los mayores beneficios de la confianza en el Ser es que fortaleces tu conexión espiritual y la fe en tu intuición. En este estado de paz y fe, te sientes conectado con una poderosa fuerza de energía dentro de ti y a tu alrededor. Esta fuerza es magnética y atrae a su semejante. Tu intuición se expande, permitiéndote sentir como si tuvieras un sistema de guía interior dirigiendo tu vida. Comienzan a pasar sincronicidades increíbles, y sientes que tu vida se vuelve orientada, dirigida y con un propósito.

Sabiduría interior

Otra promesa de confiar en el Ser es que experimentarás una mayor sabiduría interior. Experimentarás claridad sobre ti mismo, y de manera intuitiva sabrás cómo tomar decisiones y cómo enfrentarte a la vida con facilidad. Considera esto como una fuerte intuición, una guía interior y un conocimiento. Aprenderás a confiar en esta sabiduría interior y a usarla como guía. Esta sabiduría se manifestará en tu meditación como un pensamiento inspirado o una dirección intuitiva. Aprenderás a confiar en ella a medida que se vuelva cada vez más natural acceder a ella.

Sentido elevado de tu propósito

Sentirás una fuerte conexión con tu propósito. Liberarás la percepción que tus partes tienen de ti y, en su lugar, te dejarás guiar por un significado más profundo. Con un mayor sentido del Ser, naturalmente querrás servir y contribuir al bienestar del conjunto. Ver el mundo a través de la lente del Ser permite que el amor fluya a través de ti de manera natural: éste es tu propósito.

Tu mundo exterior se refleja en tu conexión interna

Con una mayor confianza en el Ser, las situaciones que antes provocaban mucho drama en tu vida se vuelven más fáciles de manejar. Naturalmente liberas la dependencia de patrones adictivos y, en cambio, te sientes guiado hacia las soluciones de forma intuitiva. Puedes ser testigo de tus sentimientos y sensaciones y hablar *por* ellos con facilidad. Internamente te sientes más seguro, lo que permite mayor seguridad externa y conexión en las relaciones.

Te sientes libre

Ya no estás fusionado con las partes, confías en que siempre hay una manera de superar cada obstáculo cuando le pides ayuda al Ser. Confías en tu capacidad de apoyar tus partes conectándote internamente para recibir apoyo del Ser. Ya no eres la víctima de tus partes, eres el testigo amable que hace que el Ser ayude.

Estas promesas son verdaderas. Las he vivido y puedo compartirlas con certidumbre. Con confianza en el Ser, puedo voltear hacia mi interior en cualquier momento y rendirme a la presencia de la sabiduría interior en la que he aprendido a confiar. Prometo todo esto y más.

MERCADER DE ESPERANZA

En este momento te invito a confiar en mi experiencia y apoyarte en mi fe. Una transformación espiritual está al alcance, un cambio radical en tus creencias.

En SFI hay un término, *mercader de esperanza*. El concepto es que el practicante o terapeuta de SFI puede ser un proveedor de esperanza para el paciente, ofreciéndole su propia energía del Ser y una confianza genuina en que la sanación es posible y que la armonía interior está disponible. Puedo ser eso para ti: puedo ser tu comerciante de esperanza. Mi motivación genuina para seguir escribiendo libros año tras año es ofrecerte esperanza. No puedo hacer el proceso de revisión por ti, y no soy tu terapeuta, pero sí puedo ser tu mercader de esperanza. Mi intención es ayudarte a tomar prestada mi fe en el Ser y confiar en que con tu propio compromiso con el proceso, *experimentarás* cambios milagrosos.

Estoy aquí para dar espacio a tu transformación, y estoy orgullosa de ti por haber llegado hasta este punto. Con cada palabra de este libro que lees, invitas al Ser a emerger. Permite que mi guía y entendimiento del Ser se filtren a través de estas páginas. Apóyate en mi fe, en la ayuda siempre presente del Ser mientras continúas recorriendo este viaje.

EL ALIVIO

Mientras finalizo este libro, reconozco que éste ha sido un tiempo desafiante por la presión del trabajo y numerosos cambios que están activando muchas partes Protectoras. A pesar de las dificultades, la experiencia ha sido buena porque me ha permitido ser testigo de primera mano de los efectos positivos de mi viaje de autoayuda.

Incluso al manejar situaciones difíciles, ahora puedo revisar mis partes que se han activado en el camino. Ya no estoy fusionada con estas partes; recuerdo que tengo la opción de revisar. Al mantenerme conectada con el Ser, me siento segura por dentro, incluso en medio del tumulto exterior. Experimenté esta profunda transformación en tiempo real esta tarde durante una sesión de terapia.

Decidí tomar mi sesión por teléfono, mientras subía la colina cerca de mi casa.

A lo largo de la caminata de tres kilómetros, discutí una parte de mí que se activó antes de nuestra sesión. Juntas, mi terapeuta y yo participamos en una revisión con esa parte.

Exclamo: "¡Ella está muy enojada y frustrada! Hay una sensación subyacente de ansiedad y un poco de enojo. Tiene un nudo en la garganta, pero quiere gritar. ¿Por qué sigue cayendo en el mismo patrón? Ya debería haber superado esto".

Intrigada, mi terapeuta dice: "Cuéntame más sobre la ansiedad".

Respondo: "Está ansiosa porque está cansada de este rol. No quiere manejar todo ni presionar tanto. Quiere ser creativa y flexible. Quiere pedir lo que quiere y alejarse de los detalles minuciosos. ¡Quiere ser libre!".

"Si no estuviera en este rol de control, ¿qué más podría estar haciendo?", pregunta mi terapeuta.

"Volvería a crear, escribir y canalizar su espiritu en vivo sobre un escenario. Estaría espiritualmente alineada y en estado de flujo. Eso es todo lo que quiere ahora. ¡Ha terminado con el rol de control. Se acabó. Está lista para dejarlo ir!"

¡BUM! Ahí está: mi parte controladora al fin se rindió. "Se acabó", repito.

Éste es un punto culminante y decisivo para mí.

Mi terapeuta también lo sabe. Aprovecha el momento y dice: "Vaya, ¿estás lista para liberarla? Revisa a la parte controladora. ¿Estás lista para ayudarla a abandonar este rol?".

"¡Estoy muy lista, sí, hagámoslo!", respondo.

"¡Maravilloso! Comencemos por nombrar la carga y la creencia negativa que te gustaría dejar ir."

"Es la parte agobiada que llamo 'la controladora', y ella tiene la creencia de que si yo no lo hago, nadie lo hará."

"¿Cómo te gustaría liberar esta carga a través de un proceso ceremonial? Elige uno de los elementos naturales como símbolo de dejar ir. Esto puede ser liberar hacia la luz, rendirse al agua, quemar con el fuego, enterrar en la tierra, soplar con el viento, o lo que se sienta adecuado para la parte", explica mi terapeuta.

"¡Vamos a quemarlo!", respondo enfática.

"Excelente. Cierra los ojos e imagina la carga saliendo de tu cuerpo y siendo consumida por las llamas. Tómate tu tiempo para visualizarlo..." Hace una pausa, luego pregunta: "¿Cómo te sientes?".

Con un suspiro de alivio, respondo: "Me siento libre y mi corazón está abierto".

"Hermoso. Ahora tómate un momento para concentrarte en esta nueva energía, la energía que está apareciendo dentro de ti. Es probable que esta energía fuera la cualidad original de la parte antes de que se agobiara. Experiméntala ahora. ¿Cómo se siente?"

"Se siente alegre y libre. Me siento libre."

En ese momento, libero la parte de mí que ha sido controladora durante casi 40 años. La libero de las cargas que ha llevado por tanto tiempo.

Al llegar a la cima de la colina cuando termina nuestra sesión, encuentro una banca bajo un árbol con vista a un estanque. Me siento allí, permitiéndome el espacio para asimilar e integrar la experiencia.

Hago una revisión. Al notar la energía vibrante dentro de mí, mi visión se agudiza y una tranquila sensación de seguridad me envuelve. El ciclo de pensamientos controladores se rompe, dejando mi mente en paz.

Me siento con la parte en calma: ahora está tranquila. Juntas miramos el estanque, sin ningún lugar a donde ir y nada que hacer. Descansamos.

Notas

Capítulo 1. ¿Quién está dentro?

1 Richard C. Schwartz y Martha Sweezy, *Internal Family Systems Therapy*, 2ª ed. (Nueva York: The Guilford Press, 2002).
2 Richard C. Schwartz, *No Bad Parts: How the Internal Family Systems Model Changes Everything* (Boulder: Sounds True, 2021).

Capítulo 3. Creencias fundamentales

1 Hilary B. Hodgdon *et al.*, "Internal Family Systems (SFI). Therapy for Posttraumatic Stress Disorder (PTSD) among Survivors of Multiple Childhood Trauma: A Pilot Effectiveness Study", *Journal of Aggression, Maltreatment & Trauma 31,* núm. 1 (27 de diciembre de 2021): 22-43, https://doi.org/10.1080/10926771.2021.2013375
2 Mary A. Steinhardt *et al.*, "The Development and Validation of a Scale for Measuring Self-Leadership", *Journal of Self Leadership* 1 (2003): 20-31, https://foundationSFI.org/images/banners/pdf/Journal_for_Self_Leadership_Steinhardt.pdf
3 Shelley A. Haddock *et al.*, "The Efficacy of Internal Family Systems Therapy in the Treatment of Depression among Female College Students: A Pilot Study", *Journal of Marital and Family Therapy 43,* núm. 1 (8 de agosto de 2016): 131-144, https://doi.org/10.1111/jmft.12184
4 Hodgdon *et al.*, "Internal Family Systems Therapy".
5 Anne Böckler *et al.*, "Know Thy Selves: Learning to Understand Oneself Increases the Ability to Understand Others", *Journal of Cognitive Enhancement 1,* núm. 2 (16 de mayo de 2017): 197-209, https://doi. org/10.1007/s41465-017-0023-6
6 Nancy A. Shadick *et al.*, "A Randomized Controlled Trial of an Internal Family Systems – Based Psychotherapeutic Intervention on Outcomes in Rheumatoid Arthritis: A Proof-of-Concept Study", *The Journal of Rheumatology 40,* núm. 11 (15 de agosto de 2013): 1831-1841, https://doi.org/10.3899/jrheum.121465

7 François Le Doze, "SFI Applied to Migraine Management: Two Case Reports", *Journal of Self Leadership* 2 (2006): 37-43.

Capítulo 6. Cómo sabrás que el ser *está* dentro

1 Richard Schwartz, "The Larger Self", SFI Institute, https://SFI-institute.com/resources/articles/larger-self

Capítulo 8. Partes del cuerpo

1 Veronika Engert *et al.*, "Specific Reduction in Cortisol Stress Reactivity after Social but Not Attention-Based Mental Training", *Science Advances 3,* núm. 10 (4 de octubre de 2017), https://doi.org/10.1126/sciadv.1700495

Capítulo 9. Bomberos

1 Bryan E. Robinson, Claudia Flowers y Christopher Burris, "An Empirical Study of the Relationship between Self-Leadership and Workaholism 'Firefighter' Behaviors", *Journal of Self Leadership 2* (2006): 91-98.

Capítulo 10. Perdónate a ti mismo

1 Dotun Ogunyemi, Nathaniel I. Sugiyama y Thomas M. Ferrari, "A Professional Development Workshop to Facilitate Self-Forgiveness", *Journal of Graduate Medical Education 12,* núm. 3 (1 de junio de 2020): 335-339, https://doi.org/10.4300/jgme-d-19-00570.1

Capítulo 11. Confía en ti mismo

1 Sarah A. Myers *et al.*, "Relationships between Self-Leadership, Psychological Symptoms, and Self-Related Thought in an Undergraduate Sample", *Psi Chi Journal of Psychological Research 25,* núm. 2 (2020): 142-150, https://doi.org/10.24839/2325-7342.jn25.2.142; Michael Fitzgerald, "Cool, Calm, and Collected: The Associations between Self-Leadership and Adult Mental and Relational Health Outcomes", *The American Journal of Family Therapy 50,* núm. 1 (2 de febrero de 2021): 57-71, https://doi.org/10.1080/01926187.2020.1865218

Índice analítico

Agradecimientos

Existen numerosas almas hermosas que han contribuido a que este libro se materializara, comenzando por mi esposo, Zach. Tus ediciones, claridad y dedicación a este proyecto han impregnado cada página con tu energía del Ser. A mi editora, Anne Barthel, gracias por tus profundos conocimientos y compromiso con estas páginas. A mi familia de SFI, su apoyo y amor compartido por el modelo han significado el mundo para mí. Un agradecimiento especial a mi hermana del alma, Jessica Gibson, por amar y cuidar cada parte de quien soy.

Esta obra se imprimió y encuadernó
en el mes de mayo de 2025,
en los talleres de Impregráfica Digital, S.A. de C.V.
Av. Coyoacán 100-D, Col. Del Valle Norte,
C.P. 03103, Benito Juárez, Ciudad de México.